DESIGN DE PERSONAGENS

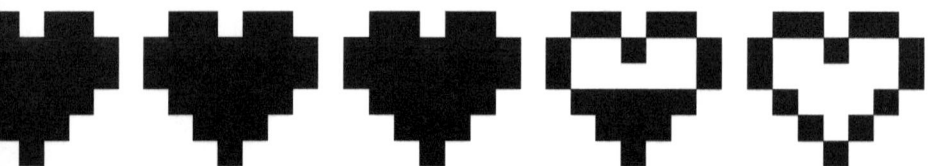

 Os livros dedicados à área de design têm projetos que reproduzem o visual de movimentos históricos. Neste módulo, as aberturas de partes e capítulos com *letterings* e gráficos pixelizados simulam a era dos jogos da década de 1980, que se tornaram febre nos fliperamas e popularizaram os consoles domésticos.

DESIGN DE PERSONAGENS

Lúcia Maria Tavares

Rua Clara Vendramin, 58 . Mossunguê . CEP 81200-170 . Curitiba . PR . Brasil
Fone: (41) 2106-4170 . www.intersaberes.com . editora@intersaberes.com

Conselho editorial
Dr. Alexandre Coutinho Pagliarini
Dr.ª Elena Godoy
Dr. Neri dos Santos
Dr. Ulf Gregor Baranow

Editora-chefe
Lindsay Azambuja

Gerente editorial
Ariadne Nunes Wenger

Assistente editorial
Daniela Viroli Pereira Pinto

Edição de texto
Monique Francis Fagundes Gonçalves
Caroline Rabelo Gomes
Larissa Carolina de Andrade

Capa
Luana Machado Amaro (*design*)
RDVector/Shutterstock (imagem)

Projeto gráfico
Bruno Palma e Silva

Diagramação
Maiane Gabriele de Araujo

Designer responsável
Luana Machado Amaro

Iconografia
Regina Claudia Cruz Prestes

Dados Internacionais de Catalogação na Publicação (CIP)
(Câmara Brasileira do Livro, SP, Brasil)

Tavares, Lúcia Maria
    Design de personagens/Lúcia Maria Tavares. Curitiba: InterSaberes, 2022.

    Bibliografia.
    ISBN 978-65-5517-370-3

    1. Animação por computador 2. Computação gráfica 3. Jogos para computador – Projetos 4. Personagens de videogames I. Título.

21-84747   CDD-794.81526

Índices para catálogo sistemático:
1. Jogos por computador: Design   794.81526

Cibele Maria Dias – Bibliotecária – CRB-8/9427

1ª edição, 2022.
Foi feito o depósito legal.
Informamos que é de inteira responsabilidade da autora a emissão de conceitos.
Nenhuma parte desta publicação poderá ser reproduzida por qualquer meio ou forma sem a prévia autorização da Editora InterSaberes.
A violação dos direitos autorais é crime estabelecido na Lei n. 9.610/1998 e punido pelo art. 184 do Código Penal.

sumário

Apresentação **8**

1 **Desenvolvimento de personagens: aspectos psicológicos, narrativa e conceitos fundamentais** 14
   1.1 Tipos de personagens em jogos digitais **16**
   1.2 Desenvolvimento de personagem **18**
   1.3 Testes de personagens **23**
   1.4 Narrativa **26**

2 **Animação e captura de movimento** 34
   2.1 Os doze princípios da animação de personagens **40**
   2.2 Princípios da animação na prática **50**
   2.3 Animação e criação de personagens **52**
   2.4 Tecnologias de captura de movimento **60**
   2.5 Captura de movimento **67**
   2.6 Arquitetura de aplicação **70**

3 **A arte de criar personagens** 74
   3.1 Os mitos e a concepção de heróis **76**
   3.2 Arquétipos **78**
   3.3 Aspectos visuais **83**

3.4 Plano de fundo – *background* 89

3.5 Personagens 3D 90

3.6 Projeto e metodologia 93

4 **Modelagem 3D e *softwares* para criação de personagens** 102

4.1 Modelagem 3D 103

4.2 *Engines* 109

4.3 UDK 119

4.4 *Softwares* para criação de personagens 120

5 **Evolução na criação de personagens em jogos digitais** 132

5.1 O sucesso cinematográfico de *The Legend of Zelda* 134

5.2 Jogos e emoções 135

5.3 Do *pixel* à vida real 136

5.4 Evolução do jogo: gráficos 2D para 3D 139

6 **Concept art** 154

6.1 Problemas na criação 157

6.2 *Skin* 160

6.3 Personagens do *Fortnite* – *skin*, fantasia e realismo 162

6.4 Personagens e bens de consumo nos jogos 174

6.5 Construção de avatares com base na narrativa 179

Considerações finais 188

Referências 190

Sobre a autora 198

apresentação

Quando pensamos em personagens, logo nos remetemos a terceira pessoa, mas cada personagem carrega um pouco de quem o criou. Em um jogo, ele normalmente é aquele que representa o jogador, mas como nem sempre há uma narrativa nos jogos, o personagem também pode ser entendido como aquele que vive nesses ambientes e desempenha uma função.

Nesta obra, trataremos dos personagens de maneira global, apresentando definição, personalidade e participação deles nas histórias e nos jogos digitais.

Assim, no Capítulo 1, abordaremos alguns conceitos e definições principais relacionados a personagens, sua construção e aspectos narrativos. Inicialmente, exporemos a criação do personagem no que se refere às características psicológicas e como alinhá-las aos aspectos externos, como etnia, vestimenta, apelo sexual, aparência e arquétipos. Com essa bagagem, já é possível começar a visualizar um personagem e até nomeá-lo. Desse modo, na sequência, veremos como criar um personagem, considerando seu papel dentro da história, sua personalidade e seu caráter, bem como a influência humana nesse processo.

No Capítulo 2, focalizaremos a animação, abordando sua definição, breve histórico, conceitos centrais e sua revolução no mercado de jogos. Também trataremos da captura de movimento no tocante às tecnologias e às formas pelas quais ocorre tal processo. Ainda, abordaremos as semelhanças e as diferenças na construção da figura do heróis em filmes e jogos.

No Capítulo 3, descreveremos um pouco da construção prática de personagens, tratando de questões relacionadas à forma, ao apelo sexual, à aparência e aos arquétipos. Ainda, também veremos algumas ferramentas usadas pare desenvolver personagens e alguns conceitos essenciais, como polígonos, modelos 2D e 3D.

No Capítulo 4, apresentaremos a complexa razão envolvendo vértices e a relação entre polígonos e seu modelo 3D, além de alguns *softwares* para criação de personagens, como ZBrush, Maya e 3DMax.

No Capítulo 5, contemplaremos outras ferramentas extremamente úteis: as *engines* e as UDKs, *templates* que podem ser aproveitados para a criação de personagens. A evolução dos personagens é muito significativa, por isso explanaremos alguns elementos dos primórdios da criação, como *pixel art*, e sua evolução. Um dos personagens que tomamos como exemplo é o Mario, de Super Mario, da Nintendo.

Por fim, no Capítulo 6, discutiremos a *concept art* e como o jogador pode imprimir suas particularidades nos personagens por meio de *skins*. Aludiremos também às redes neurais e à inteligência artificial, que hoje são partes ativas e relevantes na criação de jogos e de personagens.

Nesta obra, valorizamos o papel humano no desenvolvimento de tecnologia e na criação de personagens, pois acreditamos que cada um imprime um pouco de si nesses processos. Desse modo, esperamos que este material contribua para a formação de desenvolvedores, artistas, *gamers* e demais profissionais envolvidos de algum modo na criação de personagens de jogos.

A vocês, estudantes, pesquisadores, desenvolvedores, artistas, professores e demais interessados em design de personagens, desejamos excelentes reflexões.

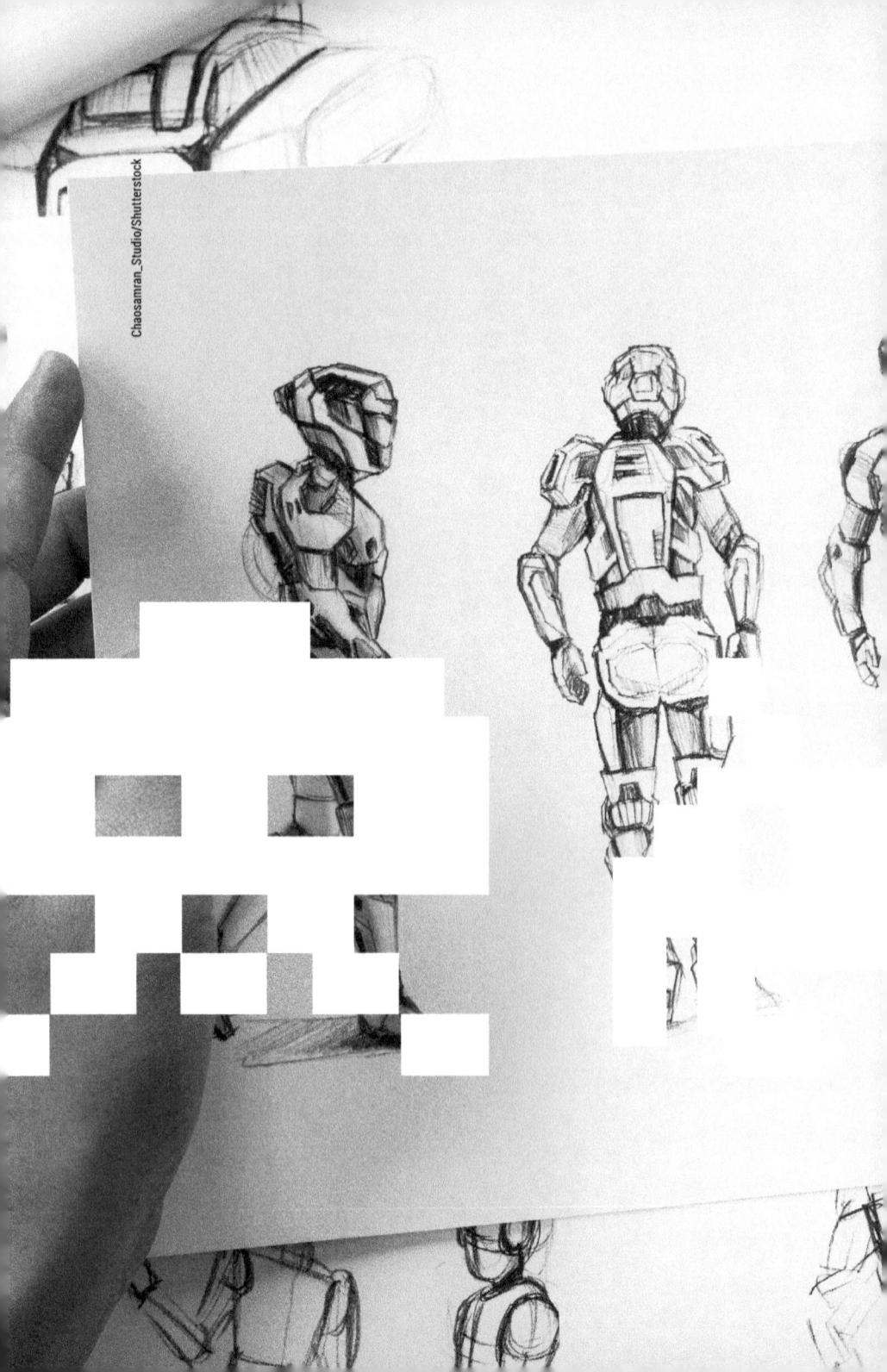
Chaosamran_Studio/Shutterstock

CAPÍTULO 1

DESENVOLVIMENTO DE PERSONAGENS: ASPECTOS PSICOLÓGICOS, NARRATIVA E CONCEITOS FUNDAMENTAIS

Em uma definição que considera a narrativa em detrimento do meio, o personagem é aquele que faz parte do contexto ou narra uma história (Fullerton; Swain; Hoffman, 2004).

Outro modo de definir um personagem considerando a narrativa é como a personificação da ação, sendo ele o responsável pelo evento e pelo incidente, pois, no início, tudo na narrativa gira em torno do papel que ele desempenha (Field, citado por Dubiela, 2008).

Em um jogo, o personagem normalmente é aquele que representa o jogador, mas como nem sempre há uma narrativa nos jogos, ele também pode ser entendido como aquele que vive nesses ambientes e desempenha uma função. Nesse sentido, o conceito de personagem não está inteiramente atrelado à narrativa.

A criação de personagens para distintas mídias geralmente é baseada em esteriótipos (parceiro, assistente, mentor, vilão, senhora em apuros, mocinho, bandido etc.), método que também funciona para jogos digitais, mas limita os personagens e deixa-os pouco criativos, motivo pelo qual não é um método ideal.

De acordo com Fernández-Vara (2010), criar personagens com base em suas especificações ajuda a integrá-los ao design do jogo. Contudo, isso também pode não ser o ideal, uma vez que os papéis, por exemplo, de RPG podem mudar de figura, com o personagem iniciando como mocinho e terminando como bandido, a depender da motivação, da personalidade e da profundidade psicológica do jogador. Às vezes, um jogo apresenta vários finais.

Parte desse problema ocorre porque os profissionais que desenvolvem a personalidade do personagem entram no processo de design tardiamente e são forçados a acompanhar a mecânica de jogo tradicional, não dispondo de liberdade para a criação de personagens interessantes. O verdadeiro desafio é combinar design e narrativa para criar personagens incríveis (Fernández-Vara, 2010).

Um personagem não precisa ser totalmente original, mas adequado e integrado ao design do jogo, aos aspectos visuais e narrativos. Assim, a criação de personagens deve ser realizada com cautela, pois todo o movimento narrativo e toda a dinâmica do jogo ocorrem em função dos personagens e de suas interações. O foco, portanto, é a essência do personagem e seu papel no jogo.

1.1 Tipos de personagens em jogos digitais

Existem dois tipos de personagens em jogos digitais: (1) o avatar, aquele que é controlado pelo jogador; e (2) o não controlado, também conhecido como *NPC* (*non-player character* – personagem não jogador).

Como personagens **avatares** acompanharão o jogador em todo o jogo, é necessário que apresentem personalidade, boas histórias e charme, de modo a atrair a atenção e despertar o interesse por jogar. Um bom personagem avatar, mesmo que não tenha falas, permanece na memória do jogador. Um ótimo exemplo é o Sonic (Figura 1.1), personagem que não conta com falas, mas que tem uma personalidade rebelde em termos conceituais de atitude, aparência e agilidade, atributos que emocionam o jogador e o tornam consistente no papel de herói.

Figura 1.1 – **Sonic**

seeshooteatrepeat/Shutterstock

Na época em que Sonic despontou no mercado, o herói politicamente correto estava em desuso. Heróis perfeitos tinham sua imagem fora da curva, como o Super Mario, um encanador baixinho que se distanciava do estereótipo de homem alto e forte.

Os **NPCs**, por sua vez, são gerenciados por inteligência artificial e variam de acordo com o jogo, bem como suas características alteram-se em cada universo e modelo de jogo. São personagens básicos e devem ser considerados no contexto de aplicação em jogos, uma vez que, a depender do grau de realidade da inteligência artificial, os jogadores sentem-se dentro do jogo e, por isso, os veem como pessoas reais. De acordo com Fullerton (2008), esses personagens têm autonomia em seu comportamento, o que cria uma tensão interessante entre o que o usuário deseja e os anseios do personagem.

1.2 Desenvolvimento de personagem

Para trabalhar com jogos, além de conhecer as linguagens de desenvolvimento e as ferramentas disponíveis, é preciso gostar de jogar e ser criativo, pois a criatividade é essencial na criação de personagens e no desenvolvimento de suas funções.

Jogos funcionam de modo semelhante a novelas: um enredo é criado para que os personagens, posteriormente, ganhem vida. Mas, para dar vida a um personagem, os caminhos são incontáveis, assim como as variáveis a serem processadas.

Nesse sentido, a atenção inicial está no *script* do texto, pois ele, mais tarde, vai se converter em desenhos, modelos, protótipos e, por fim, no próprio personagem. O primeiro passo, então, é contar a história do personagem, incluindo aspectos de seu passado, como nascimento, criação e experiências de vida, e de seu presente, como o ambiente em que ele vive hoje, uma vez que sua personalidade e seu caráter são construções que resultam dessas experiências. Construir a trama com base nos eventos anteriores dos personagens é essencial para despertar empatia nos jogadores, o que aumenta a chance de eles se identificarem e torcerem por seus personagens, engajando-se no jogo.

Outro fator importante é a motivação, pois o público pode analisar o comportamento dos personagens por meio dessas motivações e entendê-los com base nos acontecimentos vivenciados por eles.

É necessário também considerar os demais personagens que farão parte da trama do personagem principal, pois essa dinâmica também influenciará a construção psicológica deste.

Vale destacar que os aspectos externos, como físico, etnia, modo de se vestir, nacionalidade, são igualmente importantes, já que revelam questões de personalidade, por exemplo: se o personagem é alegre, se adora música, se já passou por muitas guerras etc.

1.2.1 Aspectos psicológicos

Ao desenvolver personagens de jogos, o grau de detalhes psicológicos e sua relevância no contexto narrativo devem ser considerados. A criação de um personagem nessa área pode variar, desde um avatar, que não tem muitos detalhes, até outra situação em que toda a narrativa foi associada ao personagem.

O aspecto psicológico mais notável pode ser visto no personagem Kratos, da série *God of War*. O nome do protagonista é Half

God and Half Beast, e há suporte para esses personagens em uma narrativa de comportamento sob determinadas condições. O jogo, os aspectos relacionados a seu personagem, o comportamento e o papel fortalecem ainda mais a noção de que operar essas definições inerentes estabelecerá uma conexão maior com o jogador.

Vamos observar algumas características básicas que precisam ser abordadas na criação desse perfil psicológico e que deve manter uma ligação com a história, o cenário e o gosto do jogador.

O arquétipo do personagem pode ser entendido como uma representação personalizada das características humanas inerentes ao ator do jogo. Todos temos em nossa personalidade um pouco de herói e vilão, tolo e santo, palhaço e severo; a referência a nossa humanidade, impressa no arquétipo, torna-se a personificação dessas características. Na narrativa, os personagens demonstram essa representação, ou seja, nas histórias, o vilão sempre será o vilão e o herói sempre será o herói.

Por outro lado, algumas narrativas visam tornar os personagens mais humanos, e cada um pode apresentar ou representar diferentes aspectos ao longo da história.

1.2.2 **Nome**

O nome de um personagem pode conter muitas informações importantes sobre ele, como etnia, nacionalidade, crença religiosa e até personalidade, por isso deve ser adequado à história. Existem diversos nomes proeminentes atualmente, mas é importante escolher um que facilite o registro dos jogadores.

Um dos principais truques para nomear personagens é listar todos os nomes que vêm à mente e depois pesquisar o significado de cada um deles. Com base nisso, é possível começar a eliminar as possibilidades que não se encaixam com o personagem até encontrar a opção mais adequada para a história.

1.2.3 Idade

Embora seja complicado atribuir uma idade a personagens, este é um detalhe importante, pois, além de demonstrar experiência, conhecimento e habilidade física, pode determinar o comportamento.

Essa variável também informa se o personagem está envelhecendo ou rejuvenescendo (na narrativa de fantasia) e como isso afeta seu crescimento ao longo da narrativa.

Em *The Legend of Zelda: Ocarina of Time* (1998), o personagem tem o mesmo papel em duas idades diferentes, 10 anos e 17 anos, o que afeta o jogo de várias maneiras, pois ele pode usar armas mais fortes quanto mais velho e entrar em áreas menores quando mais novo.

A forma como personagens conversam também é alterada pela idade, e esta é uma das razões pelas quais os desenvolvedores desistiram de fazer jogos em primeira pessoa: para que os jogadores pudessem ver a diferença entre *links* adultos e infantis.

1.2.4 Desenvolvimento de papéis

Independentemente do jogo digital, a história define certas funções na narrativa de papéis, quais sejam:

- protagonista – personagem principal;
- antagonista – personagem que é contra ou atrapalha o protagonista;
- coadjuvante – um ou mais personagens que estabelecem conexões e fazem a história se mover;
- ajudante do protagonista – aquele que acompanha o personagem principal na aventura enfrentada.

Esses papéis são muito importantes e conduzem a narrativa do jogo, definindo, por exemplo, qual será o conflito entre protagonista e antagonista, como os coadjuvantes agirão para alterar a trama, de que modo o ajudante interferirá no decorrer da aventura do protagonista etc.

Em jogos de RPG, mesmo aqueles com narrativas aprofundadas esses papéis são muito utilizados, e histórias que permitem aos jogadores tomarem decisões nos papéis de personagens costumam ser muito bem-aceitas. Podemos tomar como exemplo qualquer personagem do jogo *Final Fantasy*.

Alguns personagens, ainda, passam por um processo de evolução, por isso é importante pensar em marcos para ilustrá-lo. Tais marcos enfatizam a autoafirmação interior e perante o mundo de cada personagem dentro da sociedade à qual pertence.

1.2.5 Perspectiva do personagem

Compreender a história da perspectiva de um personagem ou de vários personagens alternativos é uma estratégia muito eficaz. Em *Arkham*, por exemplo, no momento em que a fantasia do Espantalho entrou em vigor e passou a ser vendida, as pessoas começaram a ser parte ativa do Santuário do Batman. Os jogos de câmera e o ponto de vista do Batman evitam que você se livre do medo. Todos que desejam escrever boas histórias e experiências memoráveis para seus personagens devem dominar essa técnica.

1.2.6 Defeitos dos personagens

Personagens têm defeitos e qualidades. Desde o início do jogo, normalmente são encontrados personagens com efeitos visuais incomuns e exagerados. Isso é culturalmente significativo no mundo dos jogos, e é possível abusar da criatividade ao definir como esse costume deve se ajustar ao design.

As possibilidades de inserir deformações e exageros no design de personagens são ilimitadas. Algumas das opções são:

- deformação corporal, como exagero de braços, pernas e cabeça;
- cores atraentes em diferentes partes do corpo do personagem;
- roupas consideradas acima do padrão de vida diária.

1.3 Testes de personagens

O design é um campo que requer muita experimentação, portanto, após completar a primeira etapa de criação, é ideal analisar o desenvolvimento por meio de testes e processos de teste. Assim, a sugestão é usar outras cores, expressões, roupas, acessórios e comportamentos para testar o design inicial, ou seja, mudar absolutamente tudo e testar novas possibilidades.

Depois dos testes, é possível identificar os pontos que podem melhorar o desempenho do personagem no ambiente de jogo. É importante pedir a opinião de pessoas da mesma área para garantir que a criação siga o caminho certo.

Não basta pensar nas características principais do personagem no jogo, é preciso pensar nas características de sua evolução também. Conforme se avança nas fases, o personagem muda suas características (fica maior, tem mais poder etc.). Mas isso também pode causar problemas, pois, assim como em novelas, o papel que ele desempenha cresce ou diminui, de acordo com a motivação e a profundidade psicológica.

Essa evolução geralmente é trabalhosa e faz com que o designer, muitas vezes, reveja toda a dinâmica de movimentos. Quando se altera a altura e o tamanho do personagem, ele geralmente é refeito e toda a estrutura do jogo também. Portanto, é uma tarefa árdua mudar todo o personagem, o cenário e as fases para manter a estrutura narrativa dentro do foco.

O esforço para criar personagens para um jogo deve ser conjunto e expressar a opinião de toda a equipe, pois cada profissional pode dar perspectivas que só a sua profissão produz.

É preciso fornecer um modelo de personagem que seja de entendimento geral e que case com a narrativa e com as fases do jogo. É importante, também, que haja entrosamento da equipe e que o resultado da ideia de designers de jogos, escritores, artistas e programadores esteja claro para que o enredo funcione e o jogo seja um sucesso.

Nosso intuito aqui é mostrar um pouco do processo de criação de personagem como parte de algo mais amplo, que não se restringe apenas aos elementos definidos pelo autor, uma vez que o processo de criação não é isolado.

A ideia é trabalhar com um modelo de personagens jogáveis, ou seja, aqueles que proporcionarão ao jogador a oportunidade de controlá-los de alguma forma e, com isso, criar uma maior conexão ao longo do jogo. Todo jogo tem suas particularidades e todo personagem é único e criado para seu jogo, então, vários elementos do design são pré-requisitos para a criação do personagem.

Quanto à linearidade do modelo, é muito mais fácil trabalhar de forma modular, mas somente é obrigatório quando o módulo de definição do jogo é feito primeiramente; já outros módulos (narrativa, papel, papel de fundo, papel mental, papel social, papel-visual, áudio) podem seguir a ordem mais adequada, dependendo do foco da experiência de jogo (na narrativa, na aparência do personagem etc.). Assim, mesmo que certas variáveis afetem alguns módulos, é mais fácil identificar erros dessa forma.

1.3.1 Modos de comando

Os personagens podem ser comandados de diversas maneiras diferentes, mas podemos dividi-las em três categorias principais: (1) controle direto; (2) controle indireto; e (3) controle de alvo.

O **controle direto** é o comando do jogador em uma ação do personagem. Nesses casos, o jogador conduzirá o corpo do personagem diretamente pelo mundo do jogo (Adams, 2010).

Já no **controle indireto**, o jogador ainda controla as ações do personagem, mas aponta para o local que ele deve ir ou interage nesses espaço. De acordo com Adams (2010), nesse modo, o personagem é guiado pelo cursor (como em um jogo de aventura em que aparece a mensagem "clique aqui"), que mostra aonde o personagem deve ir, e este caminha sozinho, fazendo com que o jogador se sinta mais como o próprio personagem.

Muitas vezes, o jogador esquece que o personagem não faz parte da realidade e toma conta dele com orientações iguais às que se dá a um filho durante a vida. Em certas situações de controle indireto, o personagem pode até rejeitar qualquer comando dado pelo jogador, considerando-o impróprio. Quanto mais forte é a autonomia que um personagem exibe, mais ele aparece como um indivíduo para o jogador.

O **controle de alvo** é uma classificação de Dille e Platten (2007) na qual o personagem não é um avatar nem um NPC, mas um guia de inteligência artificial para situações nas quais o jogador dá comandos e executa ações da melhor maneira.

Podemos tomar como exemplo o jogo de estratégia *Star Craft 2: Wings of Liberty* (2010), no qual a unidade se move quando ordenada, mas ataca quando há inimigos próximos, e os jogadores não têm poder para controlar esse papel.

1.4 Narrativa

A narrativa corresponde aos diversos aspectos que conferem a um jogo sentido dramático, bem como define o contexto de imersão dos personagens.

1.4.1 **Premissa e história**

Na narrativa, a premissa é o pano de fundo dramático que fornece elementos estruturais a um jogo, que tem significados para além de regras e objetivos (Fullerton; Swain; Hoffman, 2004). Em um jogo de xadrez, por exemplo, a premissa é a guerra, e as peças representam o exército em campo de batalha. Assim, é possível pensar em premissas como as formas mais gerais de conteúdo narrativo do jogo.

Todavia, é importante destacar que a premissa não é a história do jogo; *Battlefield 2*, por exemplo, tem a guerra moderna como pano de fundo, mas essa não é sua história, e sim o contexto em que as ações acontecem.

A história, portanto, é a sequência de eventos que dá à narrativa de um jogo a estrutura de início, meio e fim. Não há necessidade de uma história completa para criar um personagem, mas ela ajuda a estabelecer melhor sua participação.

Um texto curto, tão simples quanto os que aparecem na maioria dos manuais de instruções de jogos, é o suficiente para fazer as pessoas se sentirem confortáveis com o conteúdo da narrativa.

1.4.2 **Ambientação**

Essa é a parte do jogo em que se define quando e onde a história acontece. É muito importante situar o jogo dentro de um contexto histórico e em um universo com características próprias. Lembre-se sempre de que locais e períodos históricos específicos têm suas próprias características técnicas, intelectuais e sociais, detalhes estes que são definidos pela cena e fornecem um pano de fundo mais sólido para eventos históricos.

Se o cenário está relacionado a um tempo futuro, a um lugar desconhecido ou inventado, é importante definir como esse ambiente será, com todos os seus detalhes e todas as suas características, antes de aplicá-lo ao jogo. Um bom personagem deve se adaptar a seu ambiente, e certos elementos podem auxiliá-lo nesse pertencimento.

1.4.3 **Estrutura**

A estrutura narrativa define como a história se desenvolve e até que ponto os jogadores mudam a direção da trama. Adams (2010) a divide em três tipos: (1) linear; (2) não linear; e (3) repentina.

As estruturas **lineares** seguem um processo fixo e nada têm a ver com as conquistas e o desempenho do jogador, isto é, seguem o fluxo dos eventos do jogo. Claro que, em caso de falha do jogador, sempre haverá uma versão alternativa. Há jogos que têm vários finais diferentes, mas, quando o jogador tem a chance de tentar novamente, a história continuará a seguir o mesmo caminho original, e o que ele fizer nesse processo vai determinar seu final, que, geralmente, é o mesmo definido no começo do jogo.

No tipo **não linear**, é permitido ao jogador influenciar eventos futuros e mudar o curso da história, o que pode acontecer por meio de seu desempenho ou de suas escolhas. Nesse caso, os jogadores constroem a história ativamente. De acordo com Adams (2010), essa estrutura foi introduzida por Marc LeBlanc (2000) para se referir a uma forma de narrativa em que a história é o resultado das ações do jogador. Portanto, mesmo os jogos sem enredo produzem apenas uma narrativa porque o jogador está jogando, e sua sequência de ações também produz uma história.

São exemplos jogos de simulação do cotidiano, como *The Sims* ou *Animal Crossing*, em que não há enredo, mas o comportamento de cada jogador e a forma especial de interagir com outros personagens produzem uma história única.

A estrutura **repentina**, por sua vez, existe em todos os jogos porque é o resultado da interação do jogador, visto que o estilo de jogo de cada jogador é diferente; mas, vale apontar, aqui consideramos apenas os jogos com base nessa opção narrativa.

De acordo com Adams (2010), não incluir a estrutura da história como parte do processo de criação do personagem não é possível, e alguns detalhes sobre essa escolha podem afetá-lo. A influência do jogador na história e a possibilidade de mudá-la estão diretamente relacionadas ao comportamento e às escolhas do personagem. Então, é possível concluir que o tipo de progressão da história deve se ajustar ao tipo de avatar do jogador.

Quando um personagem pode ter escolhas muito diferentes, a situação ideal é a de que ele não seja específico ou parcialmente designado para evitar que o jogador faça escolhas que entrem em conflito com o papel do personagem.

1.4.4 Moralidade e caráter

A mensagem transmitida pela narrativa é o que as pessoas costumar chamar de *moral da história*, é o que fornece o sentido de moralidade e caráter constantes no enredo.

Em alguns casos, a história é apenas uma maneira de dar ao jogo um pano de fundo dramático, mas, em uma narrativa mais detalhada, o autor e o escritor transmitem uma mensagem, a qual deve, preferencialmente, ser refletida no caráter do jogador e no comportamento do personagem.

1.4.5 Perspectiva

A perspectiva é um ponto de vista, ou seja, como o jogador vê o mundo do jogo em relação ao personagem que controla. Na perspectiva em primeira pessoa, o jogo é visto pelos olhos do personagem; já na perspectiva em terceira pessoa, o jogador vê o mundo e seus personagens como um observador externo.

O ponto de vista não só tem diferentes funções imersivas (ver pelos olhos do personagem pode ser mais bem integrado ao ambiente do jogo), como também afeta o próprio jogo. Na perspectiva em primeira pessoa, o jogo que requer mira, por exemplo, parece mais intuitivo, ao passo que um jogo que demanda ações acrobáticas do personagem em um palco, funciona melhor com uma perspectiva ambiental externa, mais ampla. Isso também afeta a visibilidade do personagem para o jogador e, portanto, sua aparência.

1.4.6 Fantasia e realidade

Fantasia e realidade são os elementos que definem o quão próximos os eventos históricos estão das possibilidades do mundo real como o conhecemos. Na história do jogo, usamos fantasia para descrever ficção científica, magia, mitologia ou qualquer outro recurso que possa ser usado para provar eventos irrealistas na narrativa. A fantasia pode ser fundamentada apenas na imaginação das pessoas ou se apoiar em conceitos científicos, modelo este que, se construído com uma base sólida, parece dar a história credibilidade e condições para que coisas fantásticas aconteçam. Contudo, esse método limita os tipos de caracteres que podem ser criados e suas funções. Não é possível colocar um personagem elfo, por exemplo, em uma história realista, mas é perfeitamente adequado a uma história de fantasia medieval.

CAPÍTULO 2

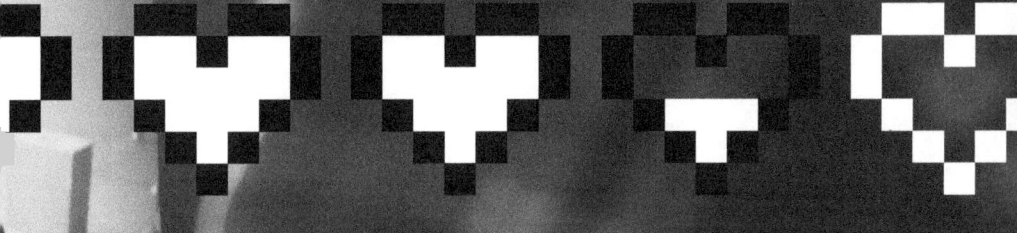

ANIMAÇÃO
E CAPTURA
DE MOVIMENTO

A animação de personagens em jogos evoluiu muito e a tendência é de que esse cenário permaneça. Desde os primeiros jogos, como o *Pac-Man* (Figura 2.1), com poucos pixels e poses, até a fase atual, que se caracteriza pela crescente interação entre jogador, *software* e personagens e pela semelhança com a realidade, a animação vem se renovando e se aperfeiçoando como técnica.

Figura 2.1 - **Jogo *Pac-Man***

Atualmente, não há limites para a animação, e todo o caminho deve ser determinado com base no desenvolvimento de *hardware*, tecnologias prioritárias e algoritmos. A plenitude das realizações depende do desenvolvimento tecnológico, pois a animação de personagens é fortemente fundamentada na tecnologia de animação. Desde a primeira produção de um filme de animação, em 1906, o qual foi produzido por Blackton no estúdio de Thomas Edson, até a animação por computador, percebemos a evolução da animação de personagens.

O ciclo de caminhada, a aceleração e a desaceleração do movimento, a animação do movimento menor, a postura principal ou a postura direta e outros princípios foram formalizados sistematicamente na Disney Pictures por volta de 1940 e são utilizados na produção de animação até os dias de hoje.

Essa tecnologia desenvolveu-se com a demanda pela interatividade do jogo e propôs novas soluções baseadas no ciclo de animação, na integração entre os ciclos de movimento e na utilização dos recursos disponíveis para buscar mais realismo.

Existem duas maneiras de fazer o personagem se mover: (1) por meio de poses ou quadros-chave (*keyframe*) e (2) por configurações de animação direta, que são construídas do início ao fim, momento a momento ou quadro a quadro.

A **animação de quadros-chave** determina a localização dos momentos-chave e interpola o movimento e a forma entre as poses. Já a captura de movimento, ou mocap (sigla do inglês *motion capture* – Figura 2.2), é um tipo de **animação direta**.

Figura 2.2 – **Captura de movimento**

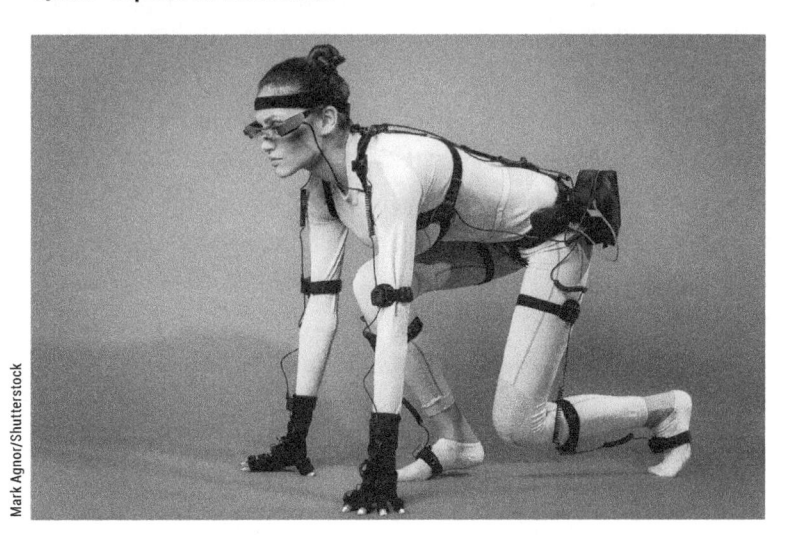

Mark Agnor/Shutterstock

Atualmente, a animação de jogos é uma mistura desses dois modos: usa-se a animação direta para o *loop* de animação e a animação de quadro-chave para a troca de *loop* entre as cenas (ciclos).

O mocap é amplamente usado para animar personagens de jogos no mundo todo e existe, inclusive, um banco de dados de captura de movimentos, mas o equipamento para acoplar essa tecnologia (falaremos mais detalhadamente sobre ela adiante) é caro, sem contar as elevadas taxas e custos de importação quando é necessário utilizar a tecnologia produzida em outros países. No Brasil, os bancos de dados raramente são utilizados, normalmente opta-se por dados alugados, comprados ou mesmo gratuitos disponibilizados pelo fornecedor, pois até o momento da escrita desta obra existe apenas uma empresa que faz esse trabalho no Brasil.

A arte da animação está sempre em busca de técnicas que possam reduzir o trabalho de construção quadro a quadro e ajudem a ampliar o alcance de sua expressão.

Com as imagens digitais em movimento, a animação passou a ser mais difundida, já que se tornou possível usar o mesmo equipamento para gerar imagens para jogos, cinemas, TVs, internet, telefones celulares, painéis eletrônicos, entre outros. A imagem é basicamente uma luz brilhando em dispositivos eletrônicos de estado sólido denominados *dispositivo de carga acoplada* (CCD – do inglês *charge-coupled device*) ou *semicondutor de óxido de metal complementar* (CMOS – do inglês *Complementary Metal Oxide Semiconductor*), ou completamente gerada por um computador.

Tanto em filmes quanto em jogos, há um desenho animado e um filme, e a tecnologia usada para parar a ação (*stop motion*) faz a alternância do movimento para que o personagem mude de cenário, de acordo com o enquadramento da câmera, voltando-se a filmar em seguida. Isso também pode introduzir elementos de animação na cena de filmagem para, em seguida, aplicar-se técnicas ópticas e de desenho quadro a quadro (Figura 2.3), objetivando imprimir animação em filmes ou jogos.

Figura 2.3 – **Desenho quadro a quadro**

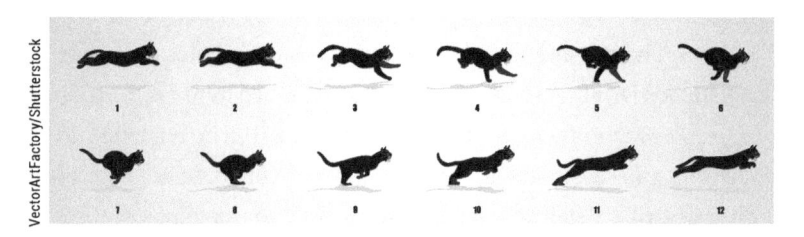

Por muitos anos, desde *Fantasia* – de Emile Cohl, o primeiro curta-metragem feito inteiramente de desenhos animados, em 1908 –, os profissionais de desenvolvimento vêm aperfeiçoando a tecnologia para dar vida e personalidade a personagens, tornando-os mais realistas.

Essa dinâmica já existia nos quadrinhos, mas tal processo de criação e a dificuldade em fazer tantas imagens para contar uma história, além do maquinário, do trabalho envolvido e da estrutura da linguagem utilizada, relegou a técnica ao segundo plano.

Uma grande mudança de paradigma ocorreu com o surgimento dos Estúdios Disney no final do século XX, em cenas de astros como Gato Félix e Otto Messmer. É possível afirmar que os conceitos mais universais e eficazes para fazer animação foram estabelecidos nessa época e são aplicáveis a qualquer tecnologia de animação de personagens, conforme veremos a seguir.

2.1 Os doze princípios da animação de personagens

Frank Thomas e Ollie Johnston, criativos integrantes da equipe dos Estúdios Disney, escrevem, em 1912, o clássico livro *The Illusion of Life: Disney Animation* (Thomas; Johnston, 1981), contendo os doze princípios da animação de personagens. Com base nesses princípios, descritos detalhadamente na sequência, conseguimos analisar a possibilidade de captura de movimento para diferentes requisitos de uso dessa tecnologia.

2.1.1 Comprimir e esticar (*squash and stretch*)

> A forma dos personagens em qualquer atividade mudará consideravelmente durante a ação.

Sem dúvida, esse é o conceito mais importante. Quando a forma dos olhos, das bochechas e dos lábios do personagem é alterada por compressão e alongamento, seu rosto torna-se vívido. Vale destacar que é importante manter o volume da forma ao usar essa ferramenta.

2.1.2 Antecipação (*anticipation*)

> As pessoas devem se preparar para a próxima ação e esperá-la. A expectativa é necessária.

Quando as pessoas estão assistindo a um desenho, esperam uma sequência clara de ações; caso elas não ocorram, o entendimento do que está acontecendo torna-se falho ou mesmo inexistente. Pense em jogadores de tênis, beisebol, basquete ou futebol: todos esperam os movimentos na direção oposta antes de tomarem alguma ação.

Figura 2.4 – **Antecipação**

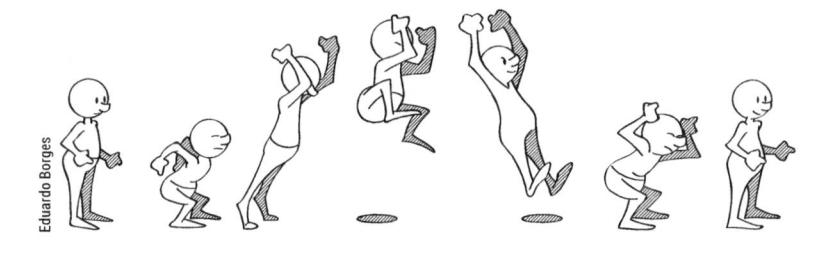

2.1.3 Encenação (*staging*)

> Quando a expressão e a ação são claramente visíveis, o resultado da encenação é favorável.

Esse princípio baseia-se na apresentação de ações de uma forma visualmente clara para o espectador. Ao realizar uma ação, é necessário tomar cuidado para não usar ângulos que atrapalhem a exibição. Uma maneira de conseguir uma boa transição é usar contornos.

Figura 2.5 – **Encenação**

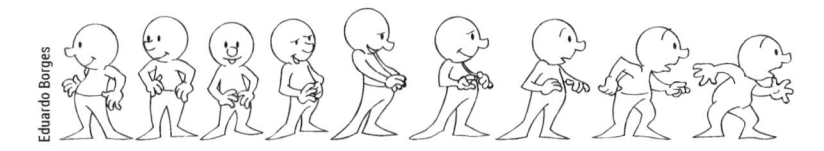

2.1.4 Animação direta e pose a pose (*straight ahead action and pose to pose*)

> Método usualmente empregado em cenas com ações rápidas e inesperadas. Deve-se tomar cuidado para não sair da linha de visão ou danificar a cena.

Existem duas maneiras de animar a cena: (1) pelo método direto e (2) pose a pose. No **método direto**, o animador desenha as ações uma após a outra até que a cena termine. Nesse caso, a animação é mais espontânea e a cena parece mais mecânica. Dessa forma, os animadores não podem planejar com precisão o estado da cena nem inventá-la enquanto está em andamento. Em **pose a pose**, o animador planeja cuidadosamente os extremos, bem como o número e o intervalo entre eles para atingir o tempo necessário. Nesse caso, o intervalo entre uma imagem e outra (programa de intervalo) preencherá os desenhos que faltam. Ambos os modos são eficientes, mas, há mais controle e clareza no uso de pose a pose ao passo que a espontaneidade é maior no método direto.

Figura 2.6 – **Animação direta e pose a pose**

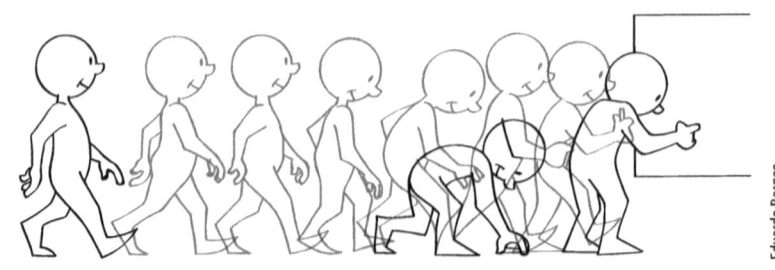

Eduardo Borges

2.1.5 **Continuidade e sobreposição da ação (*overlapping action and through*)**

A continuidade e a sobreposição consistem em ferramentas que permitem às diferentes peças não pararem de se mover ao mesmo tempo. Portanto, esse princípio refere-se ao acompanhamento (movimento sequencial).

Quando o personagem entra e para de repente, a ação parece ficar suspensa no tempo, mas elementos como orelhas grandes, cauda ou casaco, devem se mover mesmo que o personagem pare. Esse movimento deve apresentar um tempo condizente com o peso e as características de cada um desses elementos.

Figura 2.7 – **Continuidade e sobreposição da ação**

Eduardo Borges

2.1.6 **Aceleração e desaceleração (*slow in and slow out*)**

Esse princípio diz respeito às velocidades inicial e final de cada um dos movimentos de um personagem ou elemento.

Segundo esse princípio,

quanto mais se aproximam ou se afastam os desenhos ou figuras umas das outras, de fotograma para fotograma, mais lento ou mais rápido será o movimento entre os Fotogramas Chave. Isto permite ao animador criar dinâmicas de movimento que ajudam o espectador a visualizar e interiorizar as ações das personagens ou objetos animados e a fixar de uma forma natural (intencional da parte de quem anima) os momentos mais importantes da animação. (Q. S., 2021)

2.1.7 Movimento em arco (*arcs*)

> A maioria das criaturas se move em trajetórias circulares ou em arcos. O animador deve marcar a localização dos pontos finais e os intervalos ao longo do arco, e o intervalo executado fora dele interromperá completamente o movimento.

Essa descoberta trouxe uma grande mudança nos movimentos desenhados pelos animadores, acabando com deslocamentos rígidos e árduos. Uma boneca, por exemplo, subitamente se movia para cima e para baixo como uma peça mecânica, e atualmente, com o uso de arcos, o movimento se tornou mais estável.

Figura 2.8 – **Movimento em arco**

Eduardo Borges

2.1.8 Ação secundária (*secundary action*)

> Normalmente, ações auxiliares podem ser usadas para aprimorar as ideias apresentadas na cena.

Essas ações auxiliares estão sempre subordinadas à ação principal, e um modo de obtê-las convincentemente é fazer um plano preliminar para o estado da cena e, em seguida, executar o processamento parcial da animação nela: primeiro a ação principal e, na sequência, as ações auxiliares, que podem ter tempos diferentes.

Figura 2.9 – **Ação secundária**

Eduardo Borges

2.1.9 **Temporização (*timing*)**

Personagens são mais definidos por suas ações do que por sua aparência.

O *timing*, ou tempo de movimento, é essencial para a obtenção do efeito desejado na animação. Basicamente, a velocidade com que um filme passa por um projetor é de 24 quadros por segundo, portanto, supondo que cada imagem bata dois quadros, são necessárias 12 fotos para um segundo de movimento. As mudanças na velocidade das ações determinam se os personagens estão calmos ou nervosos, por exemplo, bem como qualquer outro sentimento que possa ser expressado por um movimento.

Figura 2.10 - **Temporização**

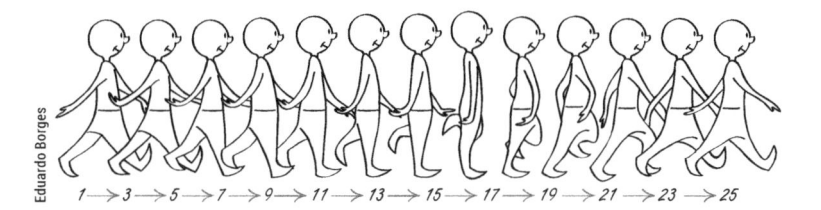

2.1.10 **Exagero (*exaggeration*)**

Quando se fala em exagero de animação, é preciso considerar a ironia e a verossimilhança para obter uma melhor comunicação visual.

O exagero é essencial para uma boa comunicação, mesmo em personagens com um nível inferior de desenho animado.

Figura 2.11 – **Exagero**

2.1.11 Desenho volumétrico (*solid drawing*)

> É necessário sempre ter em mente se o desenho tem peso, profundidade e equilíbrio.

Esses são os princípios do design básico de animação 3D. Por isso, é importante evitar criar olhos, orelhas, mãos, pernas etc., isto é, nossos elementos pares, separadamente. Sempre que se trabalha separadamente, um fica maior que o outro.

Figura 2.12 – **Desenho volumétrico**

2.1.12 Apelo – *design* atraente (*appeal*)

> Qualquer personagem deve ter um design atraente, seja um herói, seja um vilão. Caso contrário, ninguém observará o que ele está fazendo.

O design atraente é sempre a base de qualquer função, pois as pessoas tendem a gostar do que é charmoso, conciso, comunicativo e visualmente agradável.

Figura 2.13 – **Apelo**

Bhonard/Shutterstock

2.2 **Princípios da animação na prática**

O *FX Fighter*, lançado em 1995, é o primeiro jogo de luta em tempo real com personagens e cenas 3D, além de ser um dos primeiros a usar o mocap para animar personagens. Em um jogo de captura de movimento, o usuário insere um conjunto de movimentos, como correr, pular, chutar e socar, para animar o personagem. Essas ações aparecem de tal forma que o usuário não percebe as mudanças, como se ele controlasse completamente o movimento do personagem.

Cada conjunto de operações é armazenado em um banco de dados, e as alterações entre esses bancos são feitas pelos usuários. O sucesso desse jogo incentivou outras empresas a usarem essa tecnologia (Kitagawa; Windsor, 2008). Esses projetos pioneiros demonstram as vantagens e as desvantagens do uso de diferentes princípios físicos para capturar o movimento e as limitações associadas à coleta de dados.

Atualmente, muitas das ideias originalmente empregadas ainda permanecem, mas são utilizados *hardwares* com a capacidade de permitir o processamento de animação em tempo real. Esses esforços iniciais introduziram *plug-ins* para todos os principais programas de modelagem de personagens 3D, os quais abriram caminho para toda a indústria de animação. Esses *plug-ins* podem fornecer uma interface de animação mais amigável e economizar tempo de produção.

A colaboração entre os líderes desses projetos iniciais de pesquisa e os produtores de efeitos visuais de filmes consolidou o uso dessa tecnologia em diversos filmes que se destacam na abertura de novas perspectivas para a cinematografia.

A discussão sobre arte e animação atingiu seu pico em 1999, quando o programa de TV animado *Donkey Kong Country*, que usou captura de movimento e animação de quadro-chave, não pôde concorrer ao Emmy (prêmio televisivo) por não ser considerado uma animação. Posteriormente, o programa de TV foi convertido para o formato de jogo eletrônico e teve grande sucesso.

Ainda, a trilogia *O Senhor dos Anéis*, dirigida por Peter Jackson e um grande sucesso, usa mocap no segundo e no terceiro filmes para retratar o personagem Gollum, que desempenha um papel central na história e interage diretamente com os atores reais, como se todos estivessem filmando ao mesmo tempo.

Esse cenário fomentou discussões acaloradas objetivando novas indicações ao Oscar para atores que deram vida a personagens por meio da animação de captura de movimento.

2.3 Animação e criação de personagens

Para iniciar o desenvolvimento de personagens, existem basicamente três processos: (1) criação; (2) digitalização; e (3) modelagem 3D.

A primeira etapa é a de **criação**, normalmente realizada em papel, por meio de um esboço (Figura 2.14). Ela é a mais simples, mas a mais importante, pois todo o processo de criação a terá como base.

Figura 2.14 – **Esboço de um mago em papel**

A segunda etapa, de **digitalização**, ocorre após a finalização do *sketch*, é nela que os gráficos são digitalizados, e as imagens geradas, salvas em um arquivo. O arquivo do tipo JPG pode ser modelado (Figura 2.15) em qualquer programa de edição.

Figura 2.1 – **Boneco de um mago modelado**

Simol/Shutterstock

Na terceira etapa, ocorre o processo de **modelagem 3D**, no qual, com o auxílio de um editor de imagens, é feito o contorno do desenho e retirado o fundo da imagem digitalizada. Após a retirada do fundo, a imagem recebe ou não cores e, por fim, o desenho também pode ser exportado no formato JPG, usado na animação quadro a quadro.

2.3.1 Criação de personagens para filmes e jogos: semelhanças e diferenças

Em sentido mais abrangente, a estrutura dos heróis em filmes e jogos é um protótipo projetado para reunir certas qualidades necessárias para superar os desafios que lhe são apresentados, e ainda representam as qualidades mais destacadas em seres humanos. O desejo (como coragem extraordinária ou qualidades morais inquestionáveis), portanto, é um símbolo, um ideal e uma inspiração. Falando de características de Hollywood, um herói é uma pessoa respeitada e com boas virtudes. Ele se concentra em alcançar um objetivo geral, ajudando determinada comunidade.

No entanto, na cultura moderna, a experiência pessoal é de grande valor, motivo pelo qual os heróis modernos incorporam essa apreciação. Ao mesmo tempo em que tenta auxiliar a comunidade, o herói busca suas próprias realizações, como o amor, a glória, o reconhecimento de seus pares, a descoberta de relíquias etc. Segundo Martín-Barbero (1997, p. 197): "os heróis do novo mito não apenas representam a comunidade a que fazem parte, mas também sua própria trajetória de desenvolvimento e esforços feitos por si próprios".

Nesse sentido, Campbell (1997) afirma que toda narrativa tem seu próprio herói. Então, é natural que percebamos que a estrutura dos heróis nos jogos está se tornando cada vez mais surpreendente, justamente porque eles estão se tornando cada vez mais narrativos.

Mas qual é a razão para inspirar um herói? Normalmente, um desafio inesperado, seja por sua vontade, seja contra ela, faz o herói se prestar a fornecer ajuda à comunidade ou a pessoas específicas. Campbell (1997) destaca que o herói deve responder ao chamado, que o levará a sair de sua zona de conforto e enfrentar uma área desconhecida.

Seja no cinema, seja nos jogos, o processo de origem do herói se repete. Os motivos e os conflitos envolvidos podem ser inúmeros, mas quase todos apresentam o esquema básico de ligar, viajar e retornar (Campbell, 1997). Esse processo é abreviado nas exibições de filmes e talvez estenda o tempo de jogo, no entanto, as dimensões psicológicas do herói (incluindo seus desejos, seus medos, suas rejeições e suas motivações) não são os elementos discutidos no jogo narrativo original.

De acordo com Sarlo (1997, p. 51), experiências como *Duke Nuken* ou *Quake* inseriram novos temas à trama, mas ainda não se investiu no dilema inerente de seu personagem principal. O tema desenvolvido proporcionou uma narrativa instável apenas para fornecer um pano de fundo para minimizar os eventos programados para o jogador, porém essa simplificação psicológica dos personagens reflete uma falta de heróis de jogo, também comum na indústria cinematográfica americana.

A simplificação reduz o herói a uma estrutura básica, conforme descrito por Wood (1989), um protótipo projetado para apoiar certos heróis tipicamente americanos. Atributos característicos que se mostraram desejáveis na composição desse tipo de personagem são:

ser heterossexual, branco, provedor, homem vigoroso, que não tenha limite para suas realizações.

Essa estrutura atende aos requisitos de manutenção da ética e da moralidade americana, que se baseia na família e difunde a ideia de "família ideal", bons costumes, trabalho e ordem, além de distinguir claramente o bem do mal. Nos videogames de hoje, a estrutura básica do herói ocidental geralmente não consegue escapar do modelo de Hollywood.

A princípio, a razão para isso é óbvia: o jogo em si é uma indústria, e sua produção depende de profissionais que frequentemente participam dessas duas mídias, sejam diretores de arte, sejam escritores e roteiristas, e seu público direto é, na maioria dos casos, de consumidores comuns, acostumados com o estilo.

Da mesma forma, jogos e filmes vêm de fontes semelhantes às dos quadrinhos, de desenhos animados e de personagens de desenhos animados, de best-sellers, de tendências da moda e da cultura metropolitana que estão sempre se desenvolvendo rapidamente. Além disso, eles bebem uns aos outros (ou mastigam um ao outro), retroalimentam-se (e refutam-se) até que criam seu próprio enredo e seus próprios heróis e se transformam. Um exemplo claro é que determinados filmes e jogos têm um mesmo momento de criação, ou seja, desde o início do projeto, sua agenda e seu desenvolvimento estão interligados.

O próprio conceito do roteiro do filme pode ser percebido no roteiro do jogo, o qual desde o início vem tentando prever cenas e momentos possíveis que podem ser transferidos para o jogo para promover sua produção, além de poder integrar as duas mídias de forma mais natural. Você já assistiu ao filme *Matrix* (1999)? Pois é, esse filme, dirigido pelos Irmãos Wachowski, é um dos exemplos mais comuns de roteiros que podem ser transpostos para jogos.

Segundo Jenkins (2009), o conceito de *Matrix* é revelar sua história por outros meios que não a fotografia. Então surgiu *Enter Matrix* (Shiny Entertainment, 2003), que fundamentou o filme em um videogame projetado para continuar a narrativa de um jogo de tiro em primeira pessoa concentrada em personagens que geralmente matam criaturas estranhas em um labirinto.

O jogo *Duke Nuken* (Apogee Software) foi lançado em 1991 e *Quake* (Id Software) foi lançado em 1996. Ambos inspiraram mais de 347 filmes com enredo muito semelhante a sua história.

A trama do segundo filme da franquia *Matrix*, *The Matrix Reloaded* (2003), de Hermos Wachowski, e do terceiro filme, *Matrix Revolutions* (2003), dos Irmãos Wachowski, tem inspiração nos jogos e expande ainda mais a história, o universo e a ficção. De acordo Jenkins (2009), os bastidores do filme contêm códigos de trapaça, que podem ser usados para escapar e desbloquear níveis no jogo *Into the Matrix* (2003). Logo, essa é a melhor maneira de explorar personagens secundários na trama do filme. Vemos mais casos como esses em:

- Niobe e Ghost, *Transformers* (2007), dirigido por Michael Bay.
- Hal Jordan, *Lanterna Verde* (2011), dirigido por Martin Campbell.
- Raja Gosnell e Tintin, *Tintin* (2012), dirigido por Steven Spielberg.

Também temos o filme *Avatar* (2009), dirigido por James Cameron, que incorporou armas e modelos de veículos criados por sua equipe de designers na versão cinematográfica.

Ainda há muitos exemplos, mas como a receita representada pelos *games* hoje é maior que a da indústria cinematográfica, não é difícil imaginar uma tendência de que quase todos os jogos possam ser transformados em filmes e vice-versa. Outro exemplo dessa situação é o filme *Laura Croft: Tomb Raider* (2001), dirigido por Simon West, que teve origem nas franquias de videogames. Hoje em dia não é difícil encontrar filmes com uma estrutura narrativa muito semelhante ao processo de "passagem de estágio", usado por videogames. *Sherlock Holmes* (2009), de Guy Ritchie, é um exemplo. As ações de Sherlock são mostradas desde o primeiro momento da trama, e suas habilidades de combate e capacidade dedutiva são inicialmente discutidas. Nesse caso particular, somos apresentados aos três personagens mais importantes da trama, embora ainda incerto. Logo depois somos convidados a descobrir a estranheza dos pensamentos e dos métodos de ação do bravo detetive; também somos apresentados, em um nível muito básico, à relação emocional que há entre Holmes e seu amigo Watson. É possível observar sombras nos vilões, expressões sinistras e óbvios comportamentos maquiavélicos. Dessa forma, o filme nos fornece instrumentos para que não haja dúvidas de qual lado devemos apoiar. Porém, no desenvolvimento de personagens em filmes e jogos, há um certo desequilíbrio, pois as mudanças de registro entre os dois personagens nos impedem de corresponder completamente.

Embora filmes e jogos sejam muito próximos, quando consideramos sua forma de produção, há muita diferença em relação à distância do público. Sobre a situação do jogador com a composição da obra, nos jogos de hoje, personagens, enredos e heróis são frequentemente tratados de maneira semelhante. No entanto, para a produção fundamentada em filme, muitas explicações são dadas e os jogos não são especificamente usados para explicar a situação em profundidade.

Na verdade, nos jogos, outra explicação é necessária, portanto, tutoriais mais realistas precisam ser fornecidos. Trata-se de ensinar ao jogador a mecânica do jogo, seus objetivos, as habilidades do herói e suas informações de contato com os eventos propostos durante o desafio. Desse modo, surge a primeira diferença entre o herói do filme e o herói do jogo.

Os jogadores devem conhecer as qualidades e as habilidades do herói com antecedência. Portanto, com base nessas informações preliminares, o jogador será capaz de derivar os desafios que o herói pode superar, o caminho mais vantajoso e os perigos que devem evitar ou como lutar pelo sucesso.

Se esse não for o caso, o jogador deve tentar o mesmo caminho várias vezes, mas a tentativa falha até que ele possa adquirir as habilidades necessárias para superá-lo ou até que ele deduza outros métodos imprevistos para alcançar o objetivo. O risco reside na frustração, e essa frustração pode atingir um nível tão alto que os jogadores podem desistir completamente do jogo. A animação é quem dá alma a essa situação.

2.4 Tecnologias de captura de movimento

Dispositivos para captura de movimento podem ser classificados de diversas formas. Aqui, utilizaremos como base a classificação que considera os princípios físicos (Moeslund; Hilton; Krüger, 2006).

Assim, os sistemas de captura de movimento podem ser divididos em três princípios físicos básicos: (1) mecânico; (2) magnético; e (3) óptico, descritos a seguir.

2.4.1 Sistema mecânico

O sistema mecânico pode ser acústico, inercial ou de base protética. Ao capturar o movimento do som, um transmissor que o emite é colocado no objeto, e o receptor de áudio ao redor mede o tempo que o som leva para viajar do transmissor ao receptor. Por meio da medição trilateral, é possível determinar a posição do transmissor, o qual, por sua vez, é normalmente colocado na junta do objeto. No sistema de reparo, estruturas externas são posicionadas em certas partes do corpo.

Nessa estrutura, por exemplo, um elemento piezoelétrico é usado para medir o ângulo e a direção da estrutura, mas o movimento também pode ser analisado dessa forma. A posição do transmissor é alcançada por triangulação.

Os sistemas ativos têm dispositivos que enviam ou recebem sinais no objeto. Quando um dispositivo atua como transmissor, gera um sinal que pode ser medido por outro dispositivo próximo; quando atua como receptor, o sinal é gerado por uma fonte próxima. Sensores magnéticos são exemplos de dispositivos usados em sistemas ativos. Em um sistema passivo, o dispositivo não afeta seus vizinhos, apenas observa coisas que já existem no universo, como ondas eletromagnéticas, sem gerar novos sinais.

A ideia é usar a imagem obtida da câmera e capturar o movimento por meio dessa imagem. Eadweard Muybridge (1830-1904) foi a primeira pessoa a usar essa técnica, em 1878, quando mostrou às pessoas que o cavalo tinha todas as quatro patas removidas do solo.

Sistemas acústicos

Os sistemas acústicos de captura de movimento foram testados até o início da década de 1990, mas se descobriu que são menos versáteis do que os sistemas magnéticos e ópticos; este último é mais preciso na localização de pontos e mais compacto em termos de tamanho do dispositivo.

Sistemas inerciais

No sistema inercial, um marcador ativo contendo um giroscópio e um acelerômetro é colocado estrategicamente nas articulações do traje usado pela pessoa-alvo para capturar o movimento.

Na captura magnética, o transmissor emite um campo magnético, e o receptor mede sua direção em relação a um campo magnético de força e direção conhecidas. Na captura óptica, o transmissor é um refletor ou uma fonte de luz, e o receptor é uma câmera. Após a etapa de calibração, as informações de rotação do giroscópio e de posicionamento do acelerômetro podem ser usadas para coleta direta de dados.

O sistema inercial é portátil e quase não tem restrições quanto à posição de captura, sendo que alguns até permitem a aquisição de dados em ambientes subaquáticos. Além disso, não é afetado por oclusão e interferência nos dados adquiridos. Outra vantagem é que a maioria desses sistemas é de módulos de sensores que usam tecnologia de transmissão de dados sem fio para analisar dados de movimento do módulo. Isso garante um bom grau de liberdade de movimento e uma ampla capacidade de gravação.

No entanto, esse sistema utiliza bateria, o que limita o tempo de captura ou implica a necessidade de uma bateria sobressalente. O custo do sistema inercial é muito elevado se comparado ao melhor sistema óptico. O principal motivo é o nível de tecnologia usado na miniaturização de sensores. Portanto, o valor final desse sistema depende basicamente do número de marcadores utilizados. Um exemplo é o sistema Animazoo IGS 190, que tem 18 sensores e captura movimento a uma taxa máxima de 120 Hz.

Sistemas de base prótica

O sistema de base prótica é o menos prático para a captura de movimento de corpo inteiro porque demanda uma série de conexões para medir as variáveis mecânicas utilizadas, por exemplo, a pressão. Essas conexões estão pendentes no corpo do ator ou onde se deseja medir o movimento. O primeiro tipo de equipamento conhecido foi o utilizado por Étienne-Jules Marey (1830-1904).

Para os movimentos de mãos, dispositivos mecânicos são muito úteis. De acordo com Molet et al. (1997), os movimentos dos dedos e das mãos são captados por luvas projetadas para esse fim, e os dados são enviados para o *software*.

Figura 2.16 – **Pontos de movimento**

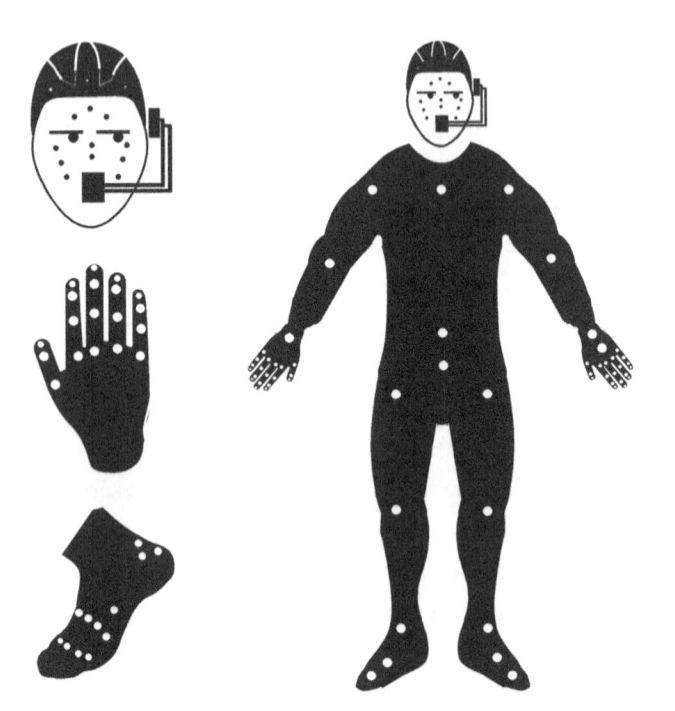

JustYoursmile/Shutterstock

Vários protótipos de luvas foram desenvolvidos para capturar os movimentos sutis das mãos e dos dedos. Nesse caso, a inclinação do dedo é medida pela posição da ponta do dedo usando cinemática inversa. O sistema é do tipo protético, e o ângulo é medido por uma liga metálica, que transmite tensão ao dobrar.

2.4.2 Sistemas magnéticos

Já os sistemas magnéticos, embora apresentem limitações, ainda estão em uso e existem vários fabricantes que os produzem, como a Ascension. Para solucionar os problemas relacionados aos princípios físicos utilizados, esses equipamentos foram desenvolvidos em uma versão denominada *terceira geração*, a qual é disponibilizada na atualidade.

Esses sistemas usam campos magnéticos gerados por transmissores localizados nas articulações do corpo humano, os quais são fracos se comparados ao campo magnético da Terra (Figura 2.17), motivo pelo qual o dispositivo deve ser calibrado antes de se iniciar a captura.

Desse modo, como esse sistema é um dispositivo ativo, seus principais problemas relacionam-se ao cabo de alimentação conectado ao corpo do ator, limitando seus movimentos, e às interferências externas do campo magnético.

Figura 2.17 – **Magnetismo do eixo da Terra**

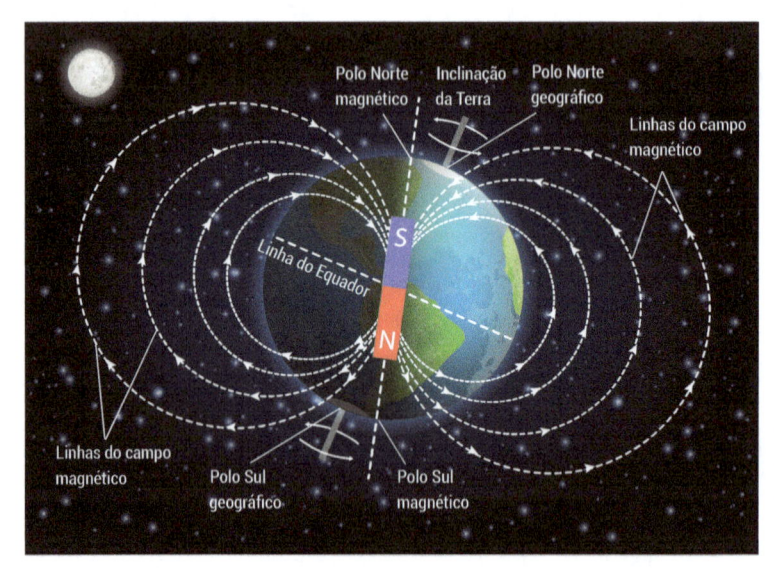

2.4.3 Sistemas ópticos

Os sistemas ópticos podem ser ativos ou passivos e apresentar ou não marcação. No sistema **ativo**, o marcador é a fonte de luz, e o LED geralmente é colocado nas articulações do corpo humano. Já os sistemas **passivos** usam refletores como marcadores. Em ambos os casos, o detector é uma câmera, geralmente com um dispositivo CMOS, e sua posição de marcação é mais precisa do que um dispositivo com um CCD. Se os marcadores não forem usados, os pontos de interesse podem ser determinados detectando contornos ou componentes estruturais (cabeça, ombros, pernas, mãos e outras partes do corpo).

Na sequência, trataremos da captura de movimento propriamente dita, focando dispositivos passivos.

2.5 Captura de movimento

Na pré-produção de uma animação, para usar a captura de movimento, primeiramente deve-se estudar as características do personagem virtual. A animação do mocap é muito realista, e o método ideal é realizar alguns testes preliminares sobre o comportamento do personagem no movimento capturado. Cada etapa da produção (ou seja, a captura) deve ser planejada em detalhes para que menos modificações sejam feitas na etapa de animação.

O plano da conversa considera como o personagem virtual aparece na cena e em que formato ele foi criado – se para videogames, filmes, desenhos animados, novelas ou para interagir com clientes pela internet. É preciso saber se ele seguirá um roteiro fixo ou se construirá uma biblioteca de ações selecionadas com base nas necessidades. Em todos os casos, é importante ter em mente o cenário em que o personagem fará a ação, bem como o tipo de interação com o ambiente e com os demais personagens.

Para construir uma biblioteca de ações para um videogame, por exemplo, é necessário listar as ações e os tipos de quadros. Se houver continuidade entre os movimentos, essa informação deve constar na lista. Após completar a lista, a sessão de captura é organizada, e seu tempo é definido de acordo com o tipo de movimento e o enquadramento para torná-lo o mais eficiente possível.

O ideal é ter roteiros detalhados nas tomadas e nas sequências e incluir as falas e as situações que dizem respeito ao personagem. Com base nisso, a organização da sessão de captura leva em consideração os tipos de cenas, os personagens e os enquadramentos, de forma que as ações sejam capturadas em padrões que simplifiquem o fluxo de trabalho. Tudo isso deve ser especificado no plano de registro.

Na adaptação da cena, caso o personagem interaja com outros personagens ou objetos, estes devem ser divididos em várias partes, de acordo com a interação e o movimento. Isso facilita muito o trabalho de pós-produção durante o estágio de refinamento de dados. Em todos os casos, padrões detalhados devem ser usados para nomear os arquivos, pois, geralmente, há muitos arquivos, e essa ação ajuda na pós-produção e no arquivamento para uso posterior.

Com o *script* e a programação de gravação, é possível começar a capturar a sessão. Nesse momento, as limitações do dispositivo devem ser entendidas com base nos princípios físicos e no *software* de captura utilizados. Para sensores magnéticos, a principal limitação é a interferência causada por metal próximo e a obstrução de marcações ópticas. Na melhor das hipóteses, quando já existe um modelo de personagem virtual ou mesmo um boneco para animar, há a possibilidade de aplicar movimento para evitar dúvidas. Dessa forma, os defeitos introduzidos pelo equipamento podem ser corrigidos a tempo de evitar problemas posteriores na produção. É importante prestar atenção ao número oposto de caracteres e à posição da marca.

Antes do início da sessão, deve-se definir as posições dos marcadores, em vez de movê-los. Se isso acontecer, a nova configuração deve ser mapeada em detalhes. Na hora de tirar fotos, os arquivos devem ser indicados seguindo os critérios estabelecidos pela equipe de captura, com o intuito de que possam ser facilmente acessados. O número de arquivos pode chegar a centenas ou milhares, e alguns cuidados rigorosos devem ser tomados para que o trabalho não se torne inviável. Dessa forma, agiliza-se e otimiza-se o tempo para finalizar a animação do personagem. Os dados devem chegar ao estágio de finalização sem muitas alterações, e o desempenho do ator deve ser semelhante ao do personagem.

2.5.1 **Marcadores**

Os pontos monitorados nos atores têm nomes distintos a depender do sistema utilizado: se for magnético, os pontos são chamados de *sensores*; se for óptico, de *marcadores*. Em ambos os casos, é comum tratá-los apenas como *marcadores*, convenção que adotaremos.

Em sistemas magnéticos, há sensores integrados ao sistema que estão disponíveis comercialmente, além disso, quase não há liberdade para modificar as posições. Já o marcador óptico apresenta mais possibilidades de alteração de posição e tamanho. Nesses casos, o marcador deve ser fixado e preso a um ponto selecionado do corpo do ator, que pode usar roupas de elastano com os marcadores já presos a ela ou peças que deixem braços e pernas a mostra para fixá-los com fita de Lycra® ou Velcro®, fita dupla-face ou cola especial. O importante é que as marcações não se soltem ou se movam.

Para sistemas ópticos, as marcações do corpo podem ser pequenos LEDs, bolas ou discos reflexivos. É conveniente utilizar a radiação da iluminação ou do LED infravermelho (com filtros) para fazê-los passar apenas por essa frequência, que fica na frente da câmera. O diâmetro dessas marcas pode chegar a 5 mm, dependendo da resolução da imagem. Durante o processo de captura, as posições dos marcadores devem permanecer as mesmas, pois eles têm as mesmas posições das articulações do personagem virtual.

2.6 Arquitetura de aplicação

As aplicações OpenMoCap foram criadas para atingir todos os objetivos de um sistema de captura de movimento de código aberto, utilizando bons princípios de construção de *software*, conforme descrito por McConnell (2004) e Kernighan e Pike (1999). Separar módulos usando o fluxo de execução (*threads*) é tirar proveito das tendências atuais da indústria de processadores para produzir *chips* com cada vez mais núcleos.

As tarefas executadas em tempo real podem ser realizadas em paralelo, como detecção de pontos da imagem (POI), rastreamento, triangulação e visualização. O fluxo de execução principal (*thread* principal) consiste no núcleo do aplicativo (MoCap Core) e na interface gráfica principal (interface de usuário principal).

O kernel é responsável por inicializar adequadamente todos os outros fluxos de execução e seus módulos, bem como prover *links* entre eles por meio da captura e do controlador de vídeo. Além disso, é um repositório central de informações sobre a configuração da câmera conectada, o algoritmo que pode ser utilizado para executar o processo de captura e qual a semântica possível de POI. É responsável por exibir os dados capturados e receber solicitações dos usuários, acionando funções específicas do controlador necessárias ao registro da movimentação.

A interação do usuário ocorre, basicamente, por *menu*, barra de *status*, janela da câmera e janela de visualização.

Frame Stock Footage/Shutterstock

CAPÍTULO 3

A ARTE DE CRIAR PERSONAGENS

Independentemente do meio, os criadores de personagens sabem que o papel é o elemento básico para garantir a participação do público (McCloud, 2002). Assim, o personagem que deixar a impressão mais positiva no jogador, geralmente, figurará como o representante icônico de um jogo e de um trabalho de publicidade.

Antes de continuarmos, é importante distinguir os personagens e suas características. Nesse sentido, quando falamos sobre caráter, estamos nos referindo à natureza humana. A representação é tudo o que podemos perceber quando observamos um personagem, é a aparência em determinadas situações, o modo de se mover, a postura, as roupas, a voz, o modo de falar e as atitudes pessoais.

Segundo Blair (1995), um personagem, antes de tudo, é um conceito, e não sua representação gráfica, motivo pelo qual não se restringe a um desenho, sendo, antes de tudo, a ilustração de uma personalidade e de um comportamento que possibilitam ao personagem parecer real. No entanto, essa é uma tarefa difícil e imprecisa, não existindo apenas um caminho que atenda a todas as variáveis.

Muitos jogos não exigem personagens complexos e eles são mais importantes do que histórias fascinantes e cheias de detalhes. Nesses jogos, temos personagens fundamentados em arte, por isso, quando necessário, é possível determinar a aparência primeiro e depois inserir a história. Por outro lado, como mencionamos anteriormente, uma história detalhada é, sem dúvida, um jeito de estabelecer conexão entre personagem e jogador. Para muitos designers, compreender a história e a personalidade de um personagem é a melhor maneira de visualizar sua aparência e produzi-lo de maneira profunda e realista (Adams, 2010).

Com relação ao desenvolvimento de características específicas de representação de personagens, McCloud (2002) demonstra a possibilidade de exploração gráfica, acreditando que o ser humano tem uma afinidade maior com personagens icônicos. Porém, esse autor não propõe nenhum processo criativo, apenas enfatiza a importância do papel. Já Blair (1995) estuda a direção dos gráficos, mas estes são adequados a personagens com estilos próprios ou com características semelhantes, se apresentarem características diferentes das do autor, suas sugestões, embora possam ser modificadas, não se aplicam, uma vez que ele não considerou outros estilos de trabalho ou de desenvolvimento além do seu.

Desse modo, podemos perceber que todos os aspectos de criação de personagens estão relacionados a situações específicas, vivenciadas pelo designer, e a arte conceitual está sempre em branco nos poucos processos disponíveis. No entanto, seja qual for o tipo de pensamento adotado, nenhum autor considera o papel uma entidade gráfica, mas sim conceitual, cujas características comportamentais são derivadas de sua essência.

3.1 Os mitos e a concepção de heróis

Cada jogo se vale de mitos e folclores para explorar os heróis, resultando em diferentes interpretações culturais e métodos de desenvolvimento de jogos, sendo o mais comum nesses protótipos o herói anônimo, que, geralmente, tem o rosto oculto ou não é mostrado intencionalmente. Esse personagem está relacionado ao próprio subconsciente do jogador, que está imerso na narrativa do protagonista.

Existe outro protagonista com características seculares, o chamado *herói secular*, que quase não tem propriedades físicas óbvias nem maravilhosas. De acordo com Bobany (2008), sua aparência costuma representar um herói de pele branca e cabelo curto escuro. No entanto, em alguns casos, variações podem ser observadas.

Ao contrário dos modelos de lendas e mitos clássicos, temos os heróis do mal, aqueles vilões que podem se converter, mas representam o ambiente maligno do passado. A razão para distinguir o bem e o mal por meio da mitologia e da ética explica a falta desses heróis no mundo dos videogames.

Nesse contexto, podemos tomar como exemplo um jogo de guerra, no qual temos o protagonista, e fazendo frente a ele está o herói maligno; logo depois temos soldados espiões (naves espaciais). Porém, acima de todo esse pessoal, o protagonista ainda está na posição de agente especial de um governo ou entidade secreta e pode lidar com qualquer tipo de situação, portanto o jogo gira em torno dele. Ainda considerando esse jogo hipotético, podemos inserir outros personagens, como personagens femininas, conforme o apelo da história, e todos serão idealizados conforme a imaginação do design.

Embora esse modelo de protagonista não seja comum em jogos, ainda podemos perceber características semelhantes no protagonista da "equipe", que geralmente é encontrado nos jogos de esportes coletivos com títulos reconhecidos, como FIFA (futebol) ou NBA (basquete).

3.2 Arquétipos

O arquétipo é o padrão de tipo de personagem e de relacionamentos que aparecem repetidamente na história. De acordo com Vogler (1998), isso revela o propósito e a função dos personagens no desenvolvimento narrativo. Os arquétipos têm categorias diferentes, e as principais são as seguintes:

- **Heróis** – protagonistas que perseguem o propósito da história e estabelecem conexões simpáticas ao público. Os heróis são a encarnação do protagonista, e o desenvolvimento da história depende de seu comportamento perante o meio e de seus resultados. A principal característica que define um herói é sua capacidade de se sacrificar em nome do bem comum, e seu papel é aprender.
- **Mentores** – personagens que frequentemente guiam o herói para a ação e fornecem as informações de que ele precisa para embarcar em uma jornada. É uma projeção de quem o herói se tornará ao fim de sua aventura. Ele geralmente é uma pessoa mais velha, um consultor e conselheiro que, possivelmente, trabalhou na posição de um herói em outras ocasiões. Para que possa transmitir a sabedoria adquirida em jornadas semelhantes, ele fornece dicas e avisos importantes durante o jogo.
- **Vilões** – oponente do herói. O personagem do vilão é muito importante, pois representa as características negativas e as deficiências que o tornam contrário à imagem do herói. Ele pode se tornar o oponente responsável pelos problemas do herói, às vezes se escondendo até o clímax da história, gerando grande pressão ao jogo. Conforme Bobany (2008), podem ser encontrados

inimigos e chefes de palco, os quais são inseridos na narrativa do jogo nesse estado de vilão.

- **Sombras** – unidades complexas com vitalidade autônoma que podem ser entendidas como um fator negativo para todos. Há a expressão *sombra de si*, que indica especificamente o modo formal e a possibilidade de ser identificado pelo sujeito como não ele mesmo, o que está relacionado ao valor já codificado na consciência. Outra representação é o tipo negativo ou sem valor: considerados como elementos, alienam-se de si para defender e ao mesmo tempo constituem a própria identidade, apesar do risco de impedir o crescimento humano indefinidamente. Nesse sentido, a experiência da sombra é personalizada, uma limitação da identidade atual do objeto.
- **Aliados** – podem ajudar o herói a seguir em frente e a completar tarefas difíceis ou impossíveis de realizar sozinho. Sua característica é a mudança, que pode ser representada por um personagem que geralmente é do sexo oposto ao do herói, apresentando uma mudança na aparência ou no espírito, portanto seu comportamento não pode ser previsto. O herói tem dúvidas sobre a lealdade do aliado, pois ele pode ser aliado do herói ou das sombras.
- **Guardiões** – têm a função de impedir que o herói caminhe até que prove seu valor. Eles testam o herói, e este deve provar que vale a pena seguir em frente, respondendo corretamente ao teste. Às vezes, o guardião é um "cara das sombras", o que também pode expressar a insegurança, o medo e o desconforto no coração do herói, tornando o personagem hesitante.

- **Pícaros** – personagens neutros que gostam de pregar peças, mas também podem causar lesões graves no jogo, as quais podem impedir o herói de progredir ao longo de sua jornada. Esses personagens podem ser ajudantes do herói ou até mesmo um personagem vilão. Esse arquétipo carrega em si o desejo de mudança da realidade. A sua função é acordar o herói para a realidade, denunciando a hipocrisia e as incoerências.

Como nosso foco no momento é em personagens jogáveis, podemos presumir que se começa sempre pela criação do arquétipo do herói (ou do anti-herói) e depois de outros personagens que agradem ao jogador. Muitos jogos oferecem ao jogador a oportunidade de controlar mais de um personagem para interagir durante o jogo. Um exemplo é o jogo *Sonic Adventure 2* (2001), que oferece aos jogadores duas histórias: em uma ele controla o herói, na outra, interpreta o vilão.

Segundo Adams (2010), usa-se o termo avatar para cada personagem que se representa, mas eles podem ser divididos em três categorias: (1) personagens não específicos; (2) designação parcial; e (3) personagens específicos, as quais veremos com detalhes a seguir.

Os **personagens não específicos** são aqueles sem detalhes próprios, que representam apenas o jogador. O jogo não informa nenhum aspecto do personagem, e quaisquer suposições sobre ele dependem inteiramente do jogador. Esse tipo de personagem proporciona ao jogador maior projeção, pois ele pode preencher as lacunas com suas próprias expectativas. São exemplos desses personagens: Gordon Freeman, na série *Half-Life*, e personagens em jogos de simulação ou foco na competição entre jogadores, como *Battlefield 2*, *Counter Strike*, *Armas: Ataque Armado* e *Asas de Guerra*.

A **designação parcial** diz respeito a personagens fisicamente definidos, mas com quase nenhuma característica de personalidade. Os jogadores veem o personagem, mas ainda podem projetar suas próprias características de personalidade para completá-lo. Personagens desse tipo raramente mostram diálogos ou fornecem informações detalhadas sobre sua história pessoal no jogo.

Os **personagens específicos**, por sua vez, são totalmente desenvolvidos e refinados para assemelharem-se a um indivíduo específico; nesse caso, o jogador não se interpretará como um personagem porque seu comportamento é completo e independente. Nessas situações, a conexão com o jogador se dá mais por simpatia do que por projeção, pois o jogador pode conseguir entender a motivação do personagem, assim como vê-lo em outras mídias (como literatura e cinema). Portanto, saber o que vai acontecer com esse personagem passa a ser uma motivação para continuar jogando. Avatares específicos são os mais usuais em narrativas detalhadas.

De acordo com Adams (2010), existe ainda a categoria de **personagens criados pelo jogador**. Nesse caso, o jogo não fornece aos jogadores personagens vazios (avatares não específicos), mas sim ferramentas para criar personagens de um modo que corresponda aos seus gostos. Vamos pensar nessa categoria como uma variável separada, conhecida como *customização*.

A classificação do avatar está mais relacionada à projeção ou à simpatia do jogador pelo personagem, e a variável customizada é a que indica se o jogador tem probabilidade de escolher certas características do personagem para lhe dar mais hábitos.

3.2.1 Customização

A customização é a variável que define se os jogadores podem usar ferramentas para modificar ou criar seus personagens, selecionando habilidades e atributos personalizados. É importante lembrar que mesmo os jogos que permitem customização fornecem uma escolha limitada de características (tipos de cabelo, corpo, pele, olhos, roupas etc.). As opções disponíveis para cada recurso que o jogador pode selecionar fazem parte do processo de criação. De acordo com as escolhas do enredo, alguns jogos (como os da série *Mass Effect*) podem até atingir certo grau de mudança de comportamento do personagem.

Customizações são possíveis também ao longo do jogo, de modo a obter novas roupas e/ou equipamentos. Nelas, o sistema define as consequências positivas ou negativas das ações, além das escolhas e do desempenho do jogador.

Dille e Platten (2007) propõem que penalizar ou recompensar os personagens dos jogadores nos jogos pode aumentar a consistência dos próprios personagens. Por exemplo, em um jogo em que o jogador desempenha o papel de herói, atitudes heroicas são incentivadas por meio de recompensas. São comuns jogos em que um personagem está procurando por um item específico e encontra outro personagem que tem esse item. Se o personagem for um herói e tiver um bom caráter, ele ajudará o personagem a resolver o problema em troca dos itens de que precisa. O personagem Kratos, o anti-herói da série *God of War*, por exemplo, pode se beneficiar matando inocentes para restaurar recursos.

3.3 Aspectos visuais

Consideramos que a forma de representação gráfica no jogo é essencial, pois o jogador pode reproduzir intuitivamente o contato direto entre ele e a mídia-alvo na tela. Por exemplo, um inimigo mais rápido e ágil pode ter membros finos e longos, ao passo que um inimigo com maior resistência pode ter uma aparência rígida e ser maior que os demais.

Figura 3.1 – **Modelos de personagens**

Kram78/Shutterstock

Essa divisão visual apresenta certos padrões que foram desenvolvidos naturalmente e são consenso entre os artistas (Bobany, 2008). Isso pode ser percebido no visual de inimigos que têm papéis claramente designados no jogo; para uma entidade ou classe de personagens, certos aspectos visuais são bastante distintos, e existem alguns modelos básicos definidos que podem ajudar a criá-los de acordo com cada particularidade, conforme descrevemos a seguir.

3.3.1 **Espécie**

Os personagens podem ser apresentados em diferentes formas. Vários modelos de personagens encontrados em jogos têm o formato de criaturas mitológicas, monstros, robôs, animais e até objetos. Segundo Adams (2010), o tipo físico é classificado, independentemente do que seja a criatura, e dividido em humanoides (configuração próxima aos humanos), criaturas não humanoides (qualquer outra configuração, animais, máquinas, monstros) e híbridos (mistura de dois ou mais tipos físicos, como centauro, sereia, robô).

Adams (2010) também apontou que quando se cria um personagem humanoide com membros adicionais ou outras partes de corpo (asas, tentáculos etc.), essas criaturas são classificadas como híbridas. Na Figura 3.2, é possível conferir um exemplo de personagem humanoide.

Figura 3.2 – **Humanoide**

Independentemente da categoria atribuída à criatura ou da categoria introduzida pelo personagem, seu gênero será exposto pela aparência, pelo comportamento e por meio de seu relacionamento com outros personagens.

Em muitos títulos, a personalização da função pode permitir a seleção do gênero, como no caso do *Bob Esponja*, que é um personagem masculino, embora represente uma criatura assexuada. O comportamento relacionado ao gênero torna mais fácil para o jogador se conectar e simpatizar com o personagem.

3.3.2 **Forma**

A estrutura visual apresentada pelo contorno do personagem deve ser clara e de fácil distinção para ser reconhecível ao jogador. Em jogos MMORPG, o personagem é geralmente visualizado mediante uma perspectiva ampla do terreno/mapa para fornecer ao jogador uma visão externa de todo o ambiente.

Portanto, os contornos desses personagens devem ser claramente visíveis para o jogador. Formas bem estruturadas também ajudam a definir a postura e a linguagem corporal. As condições de peso e tamanho podem ser atribuídas à forma do personagem por meio do contorno e da silhueta.

Os animadores precisam atribuir ações coerentes a cada tipo de personagem. A plataforma é o *hardware* que executa videogames (como *software*). Exemplos de plataformas diferentes incluem consoles domésticos (como Super Nintendo, PlayStation e Xbox 360), computadores pessoais e consoles de jogos.

3.3.3 Apelo sexual

É importante destacar o apelo visual da aparência dos personagens do ponto de vista sexual. Pelo fato de a maioria dos consumidores de *games* ser jovem (Bobany, 2008), esse atributo pode ser encontrado tanto em personagens masculinos quanto femininos.

Trata-se de um ponto estratégico, mas é preciso ter cuidado ao utilizar essa abordagem, de modo a adequá-la ao público-alvo. Personagens masculinos geralmente têm ombros largos, músculos e queixo proeminentes; personagens femininas, seios grandes, cintura fina e quadris largos.

O uso desse recurso afeta a silhueta, a linguagem corporal e a vestimenta dos personagens.

3.3.4 **Cores**

Seja no campo gráfico, seja no industrial, a identidade visual dos *games* é fundamental, sendo a base de projetos de design. A possibilidade de explorar a paleta de cores no jogo deve estar atrelada às recomendações do projeto, por isso é necessário estudar a direção dos personagens e seus elementos agregadores (equipamentos, roupas e acessórios).

Diferenças sutis, como cor da pele, tamanho e posição dos membros, comprimento do cabelo, podem determinar a qual subtipo de inimigo o personagem pertence (Bobany, 2008). Entre todas características, a cor da pele é o fator determinante, pois ela distinguirá alguns personagens de outros.

3.3.5 **Figurino: vestimenta e acessórios**

O figurino reflete a personalidade do personagem e fortalece sua conexão com o tema do jogo. Além de funcionar em um estado ou de maneira relacionada à energia em alguns casos, outros acessórios podem aprimorar esses recursos e fornecer maior riqueza visual.

O equipamento, se existir, é uma ferramenta para exploração do jogo, servindo para os personagens se defenderem e enfrentarem desafio durante a jornada. Assim como na divisão de raças, categorias ou grupos de personagens, utensílios, objetos ou armas são classificados em termos visuais e de funções de jogabilidade.

3.3.6 **Realidade e estilo**

De acordo com McCloud (2002), o estilo de desenho simplificado, denominado *cartonagem*, representa uma ideia mais geral de personagens, ao passo que a representação realista de retratos é mais limitada a indivíduos específicos. Conceitos relacionados a imagens estilizadas de personagens da área de quadrinhos também têm se mostrado úteis para a construção visual de personagens de jogos digitais.

A liberdade criativa de designers e artistas deve atender aos requisitos do jogo e de sua plataforma, bem como às ferramentas usadas pelos desenvolvedores. A direção artística do jogo determinará o grau de desenvolvimento visual desses personagens (considerando um design de jogo maior), independentemente de serem orientados para uma aparência realista ou estilizada.

3.4 Plano de fundo – *background*

Essa é a "bolsa pessoal" do personagem, o elemento que descreve sua história e os detalhes de sua experiência e vivência antes de participar da narração do jogo. Com base no conteúdo relacionado à história do jogo, o designer pode desenvolver o *background* respondendo a uma série de perguntas.

Personagens relevantes para a narrativa devem ser mais refinados do que aqueles que estão menos envolvidos no jogo. Isso permite adicionar ou excluir perguntas livremente, conforme necessário. De acordo com Dille e Platten (2007), a lista pode ser extensa, mas algumas perguntas são essenciais e básicas para se desenvolver um *background* consistente, a saber:

- Onde nasceu?
- Quando nasceu?
- Como está a família?

- Onde mora?
- Qual o trabalho?
- Que conhecimentos possui?
- Qual a formação?
- Como participará das atividades narrativas?

3.5 Personagens 3D

Com o lançamento do jogo *Wolfeistein 3D*, pela Id Software, em 1992, uma geração de jogos 3D começou a despertar a imaginação de jogadores por todo o mundo. Estranhamente, embora o nome mencione que o jogo é 3D, ele não é. Todos os gráficos do jogo são feitos em 2D e depois submetidos ao motor para ajustar o tamanho da imagem e sintetizá-la de forma 3D. Mesmo assim, ele é referência para todos os jogos subsequentes de tiro em primeira pessoa, com destaque para *Quake* (1996), do mesmo fabricante, que abriu a produção em massa de gráficos 3D em todas as etapas de arte.

Atualmente, considerando as preferências do público consumidor de jogos, o posicionamento dos principais fabricantes do mercado mudou para a produção de jogos 3D, e os mais procurados são os jogos do *Batman*, mais recentes em termos de qualidade e processamento gráfico.

Com o auxílio das melhorias em tecnologia e *hardware*, os modelos 3D encontrados em jogos evoluíram muito recentemente, rodando em novas arquiteturas e apresentando jogabilidade e recursos gráficos mais complexos. Na Figura 3.3, é possível observar um personagem dividido em partes geométricas antes de seu desenvolvimento.

Figura 3.3 – **Montagem de personagem**

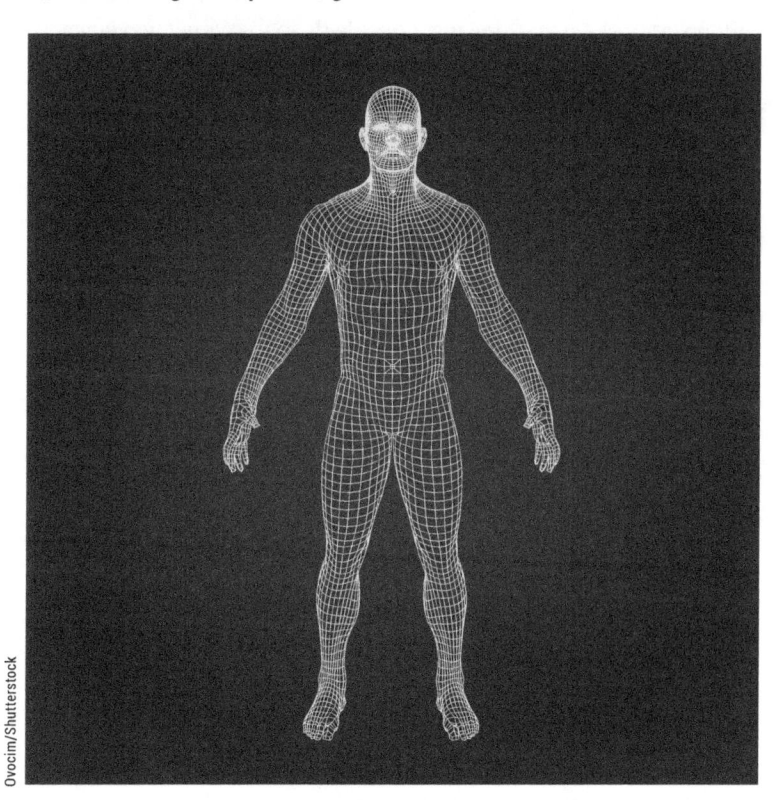

Ovocim/Shutterstock

Em comparação com os modelos desenvolvidos para consoles de última geração (como o Playstation 4), os personagens criados para dispositivos portáteis (como *smartphones*) têm grandes diferenças na qualidade visual. Portanto, os modelos 3D são desenvolvidos de acordo com as necessidades do projeto e suas particularidades.

Topologia é o termo designado para malhas gráficas revestidas com base em polígonos desenvolvidos em *software* 3D dedicado. O Playstation 4 é o mais recente console de jogos doméstico lançado por seu desenvolvedor, a Sony. De acordo com o modelo de desenvolvimento visual analisado no *Dota 2* (um jogo de classificação do tipo MMORPG), é possível observar que em áreas com níveis de exercício mais complexos, a densidade de polígonos na topologia de figuras geométricas é maior.

Dedos e expressões faciais são, portanto, adequados para animações futuras. Esse padrão de modelagem tem se mostrado comum no desenvolvimento de personagens em 3D, tanto na área de jogos digitais quanto na de animação audiovisual. O surgimento de um modelo tridimensional ocorre quando seu revestimento externo é sustentado por determinados aspectos gráficos (como cor, textura e/ ou superfície de determinado material).

O revestimento da superfície topológica é concretizado sob a orientação do mapeamento realizado durante a produção visual do modelo 3D e busca criar uma aparência para ele (Lima, 2010). Essa é a parte visível para o usuário, tendo em vista que procura manter uma harmonia com o próprio material a ser reproduzido virtualmente (tecido, pedra, pele etc.) e atender às artes conceituais já estabelecidas pelos artistas da equipe.

3.6 Projeto e metodologia

Os designers de jogos digitais passam por uma série de etapas no processo de design, de modo semelhante a qualquer outro projeto. Uma vez apoiado na ideia preliminar, o projeto apresentará diferentes estágios de desenvolvimento na prática e na teoria, envolvendo conteúdo específico para auxiliar na produção de personagens, que aprofundarão o uso básico de videogames e a criação de animação gráfica para completar a tarefa.

Conforme Lima (2010), há um meio prático de produção para a criação de modelos digitais de jogos. O método proposto é construído com base em vários outros autores e tem particularidades à medida que se desenvolve. As etapas dessa metodologia são consideradas o meio ideal para o desenvolvimento de um projeto de criação de personagens.

Primeiramente, faz-se o planejamento e a investigação de questões relacionadas ao desenvolvimento como um todo. A imaginação é a chave para essa etapa, que é ideal para efeitos visuais de produção de personagens. Ideias, conceitos e visões são outros pontos-chave apontados, pois devem ser observados, assim como conceitos ou ideias propostas para processos de criação subsequentes.

O desenvolvedor ou a equipe envolvida deve determinar aonde deseja chegar com o projeto. Inicialmente, é preciso entender a finalidade e, para isso, as seguintes perguntas podem ser utilizadas:

- O que projetar?
- Por que projetar?
- Como projetar?

- Para quem?
- Que tecnologia será usada?

Para fazer a análise corretamente, é preciso verificar essas questões com o auxílio de argumentos teóricos e práticos, nortear a pesquisa e a seleção de materiais de pesquisa e agregar propriedade à produção de personagens. Para isso, recomendamos uma análise aprofundada de funções denominadas *concorrentes*, que são:

- taxonomia (fatores visuais e psicológicos);
- linguagem;
- arte;
- estrutura;
- cor;
- função;
- personificação;
- atratividade;
- pictografia.

Segundo Lima (2010), para atender às limitações de cada projeto, é necessário se atentar a três requisitos básicos na construção do personagem: (1) tecnologia (limitação do motor); (2) funcionalidade (funções efetivas no jogo); e (3) estética (detalhes artísticos).

A fase de escopo tem o posicionamento e a linguagem que o projeto deve seguir com base na estratégia previamente definida. Nessa fase, inicia-se a análise e a pesquisa, de acordo com a minuta do conceito proposto, e são apresentadas sugestões e críticas construtivas para o aprimoramento do projeto.

Um ponto fundamental desse método é a observação, pois a pesquisa anterior deve ser vista como um todo sob a perspectiva do projeto maior (jogo) ao qual o personagem pertence. Por esse motivo, os materiais recolhidos (imagens, sons etc.) devem ser organizados de modo a facilitar a referência em determinadas etapas da produção.

Estabelecer uma boa orientação antes de coletar referências deve contribuir para a direção da qualidade gráfica (complexidade visual) e a direção da linguagem gráfica (estilo gráfico) que o modelo deve enfrentar. De acordo com um bom painel de imagens de referência, também é possível observar e discutir aspectos da personalidade do personagem. Desse modo, monta-se uma documentação de referência, com dados e outros procedimentos de design relacionados ao projeto de jogo (Lima, 2010).

Esses jogos abrangem um campo multidisciplinar, exigindo diversos tipos de documentos específicos, incluindo os de produção de personagens. Por meio da coleta e da análise de materiais de pesquisa, inicia-se a arte conceitual e o desenvolvimento visual do papel. Segundo Lima (2010), o pragmatismo deve ser demonstrado nessa fase. Com base nos estudos anteriores, é possível criar algo que se destaque dos concorrentes.

Do ponto de vista visual e psicológico, a escolha do enfoque é óbvia para o desenvolvimento do projeto, e esse conceito é reforçado em sua construção. Para viabilizar a ideia no processo produtivo, diferentes expressões podem ser utilizadas. De acordo com Lima (2010), técnicas de pintura tendem a concretizar tanto os conceitos visuais quanto os esboços (em representação tradicional ou digital), os contornos, as formas, as cores e os diagramas ortogonais (folhas de modelo).

Designs ortogonais não são apenas a base para o estágio futuro da modelagem 3D, mas também podem identificar o desempenho do personagem em diferentes situações (como raiva, alegria, dor ou desprezo).

Na fase pré-estética, o projeto realmente começa a ser executado. O método de classificação proposto divide as etapas metodológicas em antes da estética e estética. Nesse estágio, é necessário completar a estrutura visual do modelo básico. A primeira etapa inclui modelagem 3D, desenho, escultura e topologia, pois esse modelo 3D pode ser transformado em um protótipo físico conforme a necessidade (Lima, 2010).

O mapeamento gerado para cada modelo pode variar de acordo com a complexidade de cada projeto, e servirá de base e guia ao designer para um ponto específico na próxima etapa: a texturização e a geração de funcionalidades do personagem no jogo.

O modelo gravado não pode ser utilizado sequencialmente no processo de 3D. Ele envolve a modelagem de uma nova malha poligonal baseada em um modelo pré-construído. Levando em conta a complexidade do motor de jogo na grade, adota-se um método linear e consegue-se restaurar esse detalhe no modelo por meio da projeção normal do mapa. A construção de um modelo com pequeno número de polígonos é chamada de *retopologia* e, segundo Lima (2010), é auxiliada por métodos lineares.

De acordo com a definição dessa etapa, fica concluída a determinação final da aparência do modelo desenhado, com o objetivo de completar todos os detalhes necessários de modelagem e criação de texturas com base em pintura digital ou fotossíntese. Também são estudados os aspectos materiais simulados do modelo, como brilho, opacidade ou relevo. A projeção é realizada entre modelos de alto e baixo número de polígonos por meio de uma tecnologia específica (sistema de *baking texture*) para extrair os detalhes obtidos no modelo esculpido e aplicar a textura alcançável ao modelo no jogo.

Para que a estrutura do modelo digital tenha algum tipo de movimento, é preciso vincular todos os materiais produzidos até o momento. Modelos tridimensionais e digitais, ossos e peles precisam ser combinados por meio de funções no *software* de desenvolvimento, que controlará os modelos digitais no jogo. Depois, as ações de animação são realizadas pelos especialistas (Lima, 2010).

De acordo com o projeto e as etapas estabelecidas anteriormente, uma vez elaborado um modelo que possa ser implementado no motor utilizado, ele deve ser testado e verificado. Esses testes devem ser realizados pelo programador do jogo e podem precisar de ajustes, sendo que talvez o designer precise retornar às etapas anteriores para resolver um problema.

Devemos entender que os testes do motor podem ser iniciados em diferentes momentos, da modelagem à fase de produção, que se refere ao processo de transferência de informações de objetos 3D para texturas 2D, revestimento ou animação.

Lima (2010), enfatiza a importância das boas práticas e da direção básica do desenvolvimento de modelos digitais de personagens 3D. Os seguintes passos propostos pela autora podem ser usados como um guia para orientar o designer nas etapas desse trabalho:

- Estudo da paleta de cores.
- Criação das artes conceitual e ortogonal de referência 2D.
- Realização de uma retopologia do modelo 3D de escultura digital.
- Mapeamento de textura e projeção de revestimento.
- Criação de arte 2D do piso.
- Adaptação do modelo 3D.
- *Rigging and skinning.*
- Teste de animação.
- Experimentação do papel no motor de jogo.

Para produzir a animação quadro a quadro, como todas as novas tecnologias, o advento da câmera envolve muitos experimentos, incluindo o processo de mudar gradativamente a pintura (em vez dos personagens) em cada quadro do filme.

Os painéis de acetato permitem a criação de planos de fundo mais complexos – porque não há necessidade de redesenhar cada quadro – e permitem que planos diferentes sejam movidos para indicar a profundidade da paisagem.

Com a introdução da mídia digital, o processo de produção de animação tradicional tornou-se gradualmente menos trabalhoso. Por exemplo, os *scanners* passaram a utilizar *softwares* especiais para processamento digital de molduras coloridas projetadas para esse fim, tornando esse processo mais rápido. Também é possível desenhar diretamente na mídia digital e concentrar a produção em um dispositivo de trabalho: o computador.

Quando uma animação quadro a quadro é feita inteiramente no meio digital, é nomeada *computação gráfica 2D* ou *animação digital*. De modo semelhante à animação tradicional, o processo de geração de animação digital pode distribuir quadros ao longo da barra do eixo do tempo por meio de *software* e pode ser dividida em camadas para separar diferentes elementos na cena.

A animação digital 2D, atualmente, usa *tablets* gráficos para substituir lápis e papel utilizados na mídia tradicional. O *tablet* digital imita o método de desenhar com lápis, caneta e papel sem a necessidade de digitalizar, alinhar e corrigir a imagem. O tempo de produção está cada vez mais curto, e os estúdios buscam cada vez mais otimizar os processos.

XRGB/Shutterstock

CAPÍTULO 9

MODELAGEM 3D E *SOFTWARES* PARA CRIAÇÃO DE PERSONAGENS

Existem algumas ferramentas que facilitam o trabalho de quem cria personagens para jogos, pessoa esta que, preferencialmente, deve ter uma veia artística. É possível trabalhar com essas ferramentas mesmo sem entender muito de desenho ou animação, mas é preciso ser criativo e conhecer cada uma delas para criar bons personagens.

É bastante comuns personagens transformarem-se em bonecos colecionáveis, desenhos virarem jogos e jogos serem convertidos em filmes. Mas o que todas essas vertentes têm em comum são os personagens, que, se bem construídos, tornam-se marcantes.

No entanto, a criação de personagens requer alguns conhecimentos específicos, tanto de modelagem, como malhas e corte de malhas, polígonos etc., quanto de *softwares* para esse fim. Além, é claro, das outras questões de desenvolvimento que conferimos nos capítulos anteriores, que devem ser igualmente consideradas.

4.1 Modelagem 3D

Trabalhar com modelagem 3D é transformar formas geométricas em personagens.

A geometria dos jogos pode ser dividida em dois tipos: (1) modelagem estrutural e (2) modelagem de elementos dinâmicos. Aqui, nos ateremos apenas à modelagem estrutural.

Essa diferença se deve ao fato de que os modelos estruturais (que não mudam de posição) são pré-processados para otimizar o processo de renderização. O modelo completo, com todos os requisitos previamente estabelecidos, pode ser comparado a um sistema esquelético, essa construção de modelagem 3D é denominada *rigging*. Na Figura 4.1, é possível conferir um modelo de rosto para modelagem 3D.

Figura 4.1 - **Modelagem de rosto**

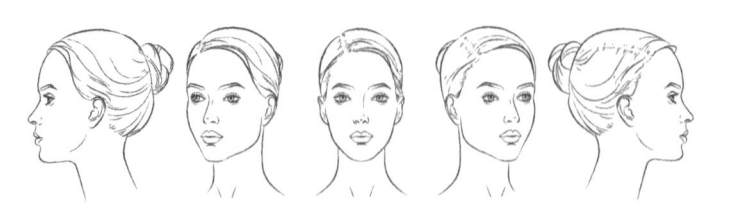

first vector trend/Shutterstock

Logo, o processo de colocar e alinhar as partes do modelo corretamente, alocadas em cima do esqueleto criado (malha), é denominado *skinning*. Ajustar o modelo para processamento nessa fase é bem trabalhoso, porque é preciso entender todos os vértices dos polígonos, uma vez que cada um tem um peso e define a função de movimento esperada pelo personagem.

4.1.1 **Modelagem estrutural**

A modelagem estrutural é, basicamente, o processo de juntar os elementos da cena, o fundo da tela, o cenário, os outros elementos estáticos e o personagem. Por meio dela, determina-se o que vai acontecer e de que modo, que movimentos acontecerão, tanto do personagem quanto do restante da cena. Os principais *softwares* utilizados são o Discreet 3DS MAX, MAYA, Avid Softimage e Ligthwave, pois oferecem recursos avançados que os tornam ideais para esse processo. A seguir, oferecemos algumas dicas sobre as ferramentas usadas e como elas atuam durante esse processo.

- **Ferramentas de modelagem com base em polígonos:** toda a modelagem é feita usando polígonos. Portanto, é importante ter uma forma simples e intuitiva de operá-los.
- **Ferramentas intuitivas de texturização:** a maior parte da riqueza de modelagem reside na boa aplicação de texturas ao modelo. Por exemplo, é preciso adequar de maneira correta o mapeamento de textura a um único polígono.
- **Otimização de polígonos:** o trabalho com polígonos é complicado e árduo, então durante o processo de modelagem, geralmente, são criados mais objetos do que os polígonos suportados pelo jogo. É de suma importância que o pacote de modelagem forneça recursos para reduzir o número de polígonos do objeto, diminuindo erros e melhorando a qualidade.
- **Interface amigável:** ao montar um objeto, o artista deve acompanhar esse processo em tempo real e saber com antecedência como exibi-lo no jogo. Durante esse processo, uma vantagem que o artista deve ter é a capacidade de modelar objetos com o mínimo de polígonos possível. É importante, então, usar um *software* gráfico completo com funções de modelagem, animação, renderização, pós-produção e criação 3D.

4.1.1.1 Modelagem poligonal

A principal característica do modelo geométrico é a superfície do objeto, de modo que um modelo 3D pode conter centenas ou milhares de objetos.

Figura 4.2 – **Malha poligonal bola**

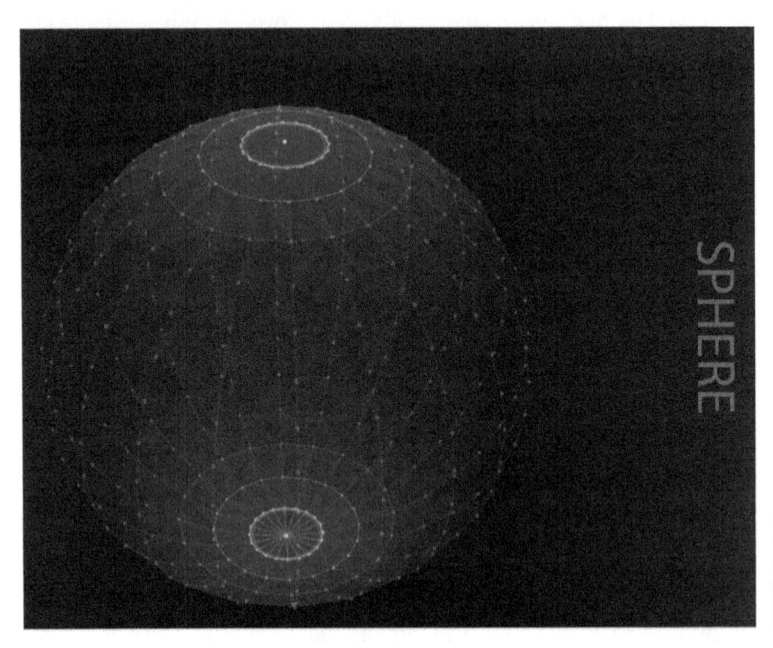

As faces geométricas são chamadas de *polígonos*, os quais são ocos por dentro e podem apresentar três ou quatro vértices, dependendo do modelo utilizado.

É preciso, então, compreender a complexa razão envolvendo vértices e a relação entre polígonos e seu modelo 3D, com o objetivo de alcançar um bom desempenho e evitar problemas futuros de texturização (que pode ser descrita, em uma analogia, como o processo em que um esqueleto recebe pele). Contudo, nosso foco aqui não é estudar isso a fundo, mas apenas compreender seu funcionamento em linhas gerais, conforme descrito a seguir:

1. Seleciona-se um dos objetos originais existentes no *software* de modelagem e inicia-se o trabalho com formas geométricas que quase não têm polígonos.
2. Em seguida, escolhe-se a forma do objeto e subdivide-se os polígonos existentes para adicionar mais polígonos, acrescentando-se detalhes e bordas suaves.
3. Por fim, repete-se a subdivisão e a operação do polígono até se atingir a malha poligonal desejada.

Edge modeling

O *edge modeling* trata-se de uma forma de construir objetos 3D que nada tem a ver com geometria ou com a primeira aresta. Nela, o artista cria outros polígonos adjacentes para formar o objeto que pretende construir; o primeiro polígono a ser criado em um rosto humano, por exemplo, é a forma do olho, que é o centro da malha poligonal.

Essa é a tecnologia mais adequada para a criação de rostos humanos e sua maior limitação é a produção de objetos, porque a câmera mostra apenas um lado, o lado oposto precisa ser trabalhado separadamente.

4.1.1.2 Terrenos

O terreno também é chamado de *mapa de altura* e consiste em imagens com diferentes tons que têm ligação com os personagens, pois determinam os movimentos que ocorrem nas ações de cada cena. O personagem tem de ficar alinhado ao terreno, que, por sua vez, deve combinar com a cena. Desse movimento, vêm os saltos, as dificuldades e as recompensas de um jogo.

Os *pixels* escuros correspondem a áreas mais baixas do terreno, e os *pixels* brilhantes, a partes mais altas. Portanto, criar um terreno se resume a criar um mapa adequado à altura da cena. Na Figura 4.3, vemos um modelo de terreno em *pixels*.

Figura 4.3 – **Terreno em *pixels***

Para relevos mais complexos, existem muitas ferramentas que podem gerar mapas detalhados que podem ser editados de forma intuitiva, tornando-os muito mais parecidos com a realidade. Além de gerar mapas de altura, muitos *softwares* criam texturas e ligação com o cenário, e, com menos polígonos, revelam uma riqueza imensa de detalhes e de qualidade.

4.2 Engines

Comparando um jogo a um carro, a *engine* é o motor do carro, que é responsável por mantê-lo funcionando. O motorista não precisa conhecer todos os princípios de funcionamento do processo mecânico, e o mesmo acontece com as *engines*: não é preciso ser o mestre do desenvolvimento para trabalhar com elas. O movimento do eixo é transmitido às rodas, a explosão do pistão é sincronizada e o motor injeta combustível na câmara de combustão. A *engine* dentro do desenvolvimento segue basicamente o mesmo princípio operacional.

Dentro do conceito de engenharia de *software*, ela simplifica etapas de um projeto, e no desenvolvimento de jogos e principalmente de personagens, o motor será responsável por interpretar o *hardware* gráfico, controlar o modelo a ser renderizado e processar a entrada de dados do jogador, ou seja, se pensarmos em um computador, em um carro ou em uma engrenagem complexa, ela funciona como um sistema operacional. Na Figura 4.4, vemos uma tela de *engine*.

Figura 4.4 – **Tela *engine***

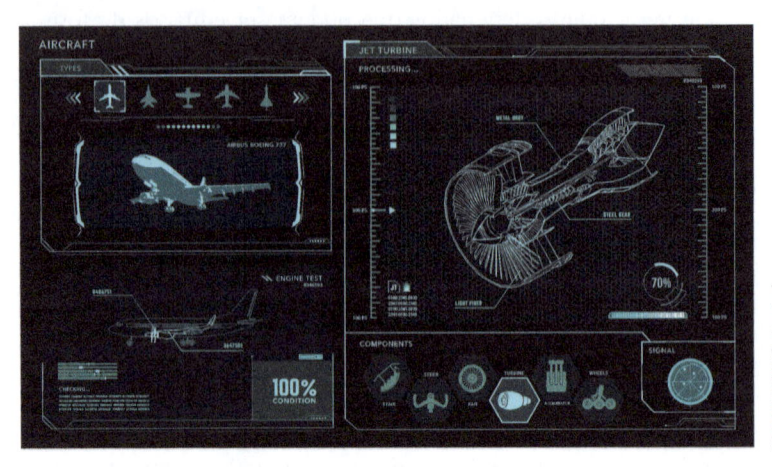

Há muita urgência no mundo atual, tudo acontece muito rápido e não é diferente com os jogos. Vivemos na época do desenvolvimento a cada minuto, então não há tempo a perder nem para se preocupar com falhas. Há milhares de *engines* disponíveis e elas facilitam tudo, e todas têm os seguintes pontos em comum:

- Os desenvolvedores podem usar o mesmo motor para criar vários jogos diferentes.
- Os motores são geralmente divididos de acordo com a classificação de jogo escolhida pelo *design*, que pode ser de tiros, de guerra, indie etc. (Eberly, 2000).
- O código desenvolvido no projeto anterior pode ser facilmente reutilizado.
- Utilizam funções abstratas da API (estruturas de integração; embora, em muitos casos, os desenvolvedores usem o próprio

ambiente do mecanismo de API para implementar funções específicas) para obter fácil integração entre o código e a modelagem 3D.

A *engine* tem uma função de edição de cenas, e seus componentes mais comuns são:

- **Núcleo** – composto do "coração do motor". Aqui um programa que executará aplicativos de jogos, vai manipular níveis e objetos, assim como renderizar a cena. Por analogia, o núcleo do motor é o sistema operacional do jogo.
- **Motor SDK** – trata-se do código-fonte do núcleo do motor, que pode ser alterado de acordo com o padrão solicitado pelo desenvolvedor. É o componente mais protegido e, para implementá-lo, é preciso adquirir um pacote de *software* comercial (que é cobrado e vendido para empresas). Os jogos podem ser criados sem o motor SDK, mas os tipos de aplicativos que podem ser desenvolvidos serão mais restritos.
- **Editor de níveis** – por meio desse componente, é possível unificar os modelos criados em diferentes programas, associá-los à programação, inserir códigos em *scripts* e remodular ações. Em muitos casos, também é possível criar e exportar modelos 3D.
- *Builder* – realiza algumas operações de pré-processamento em objetos (como BSP, *lightmap*, portal, PVS etc.). Ele geralmente está no nível do editor, e a linguagem de *script* usa a maior parte do desenvolvimento da inteligência artificial da lógica do jogo e dos elementos dinâmicos para trabalhar de maneira independente dentro do mecanismo (Zerbst; Düvel, 2004).

Portanto, cada *engine* terá sua própria linguagem de *script*, fato muito comum para o uso de linguagens comuns como JavaScript, Python e LUA. É possível dizer que um motor é, na verdade, composto de vários submotores, e cada submotor é responsável por lidar com certos tipos de problemas envolvidos no jogo. Os principais componentes são renderização, física, som e inteligência artificial, os quais são descritos mais detalhadamente na sequência.

4.2.1 **Engine de renderização**

O motor 3D será o principal responsável pelo *pipeline* gráfico, que é o processo de geração de imagens 2D com base em modelos 3D. Segundo Lamothe (2003), esse processo é dividido em várias etapas, sendo as mais importantes:

- **Conversão 3D** – o movimento é aplicado ao modelo 3D. Nesse movimento, em cada etapa do jogo, a matriz acumula os resultados de todos os movimentos que o objeto experimentou ao longo de sua história. Essa matriz será aplicada a cada vértice que constitui a cena e colocada na posição correspondente a atual.
- **Projeção 3D e 2D** – os vértices do modelo serão projetados no plano de projeção da câmera. Esse estágio do *pipeline* geralmente está na conversão 3D, porque a projeção final também requer um aplicativo de matriz de conversão.
- **Limpeza** – existem inúmeras maneiras de otimizar o processamento gráfico do jogo, mas a melhor delas é limpar o código depois de reindexado, quando houver conversão de 2D para 3D e vice-versa. Então, o que a tecnologia de limpeza (eliminação)

fará é selecionar os polígonos corretamente para que, em determinada situação, escolha apenas os problemas reais para serem vistos da perspectiva da câmera, enviando-os para o *pipeline* da placa de vídeo selecionada, de forma que não afete a visualização, mas que promova a seleção rápida para a escolha da melhor cena, do melhor ângulo e efeito do personagem. Existem muitos algoritmos para fazer essas escolhas. Em muitos casos, a eficiência desse processo está relacionada ao tipo de agrupamento e à ordem dos polígonos (a distribuição poligonal do terreno é completamente diferente dos polígonos do personagem ou do labirinto). Ele pode ser rejeitado em qualquer estágio do *pipeline* gráfico. No entanto, é melhor eliminar os polígonos inúteis o mais rápido possível para evitar o processamento desnecessário sob os polígonos que podem ser eliminados no futuro. Vale ressaltar que um método de abate não pode eliminar outro método de abate; em muitos casos, pode até aumentar o efeito.

- **Recorte** – ao projetar polígonos no plano de projeção da câmera, alguns ficarão completamente localizados na área da tela, ao passo que outros ficarão parcialmente localizados na tela de projeção. Para esses polígonos, é necessário realizar o recorte que inclui a criação de novas arestas e vértices.
- **Rasterização** (iluminação e texturização) – finalmente, a última etapa no processo de renderização é preencher corretamente o polígono com o material que o define.

Para realizar esse processamento, é possível calcular a iluminância de cada *pixel* do polígono, mas o custo é alto em termos de estrutura técnica. Para viabilizar esse processo, é realizada uma interpolação (rasterização) entre as cores de cada vértice que compõe o polígono. Dessa forma, os cálculos de iluminação são executados apenas em cada vértice visível da malha. Essa rasterização também pode levar muito tempo de processamento, pois, apesar de sua operação simples, ainda existem *pixels* na tela. No entanto, esse processo é executado por um *hardware* específico (ou seja, placa gráfica ou unidade de processador gráfico GPU) utilizado para essa tarefa.

Muitos efeitos de iluminação (desfoque, mapa de relevo, reflexão especular) não podem ser aplicados executando rasterização. Assim, cálculos de iluminação precisam ser executados para cada *pixel* em vez de cada vértice. Para resolver esses problemas, a maioria das placas gráficas modernas tem a capacidade de suportar *pixel shaders*, que são pequenos programas executados para cada *pixel* a ser desenhado na tela.

4.2.2 **Engine de física**

Grande parte da interatividade do jogo é atribuída à função de certas leis físicas no mundo virtual criado. Por exemplo, ao bater em uma parede, o jogador não será capaz de atravessá-la; ao acelerar um carro, sua velocidade deve aumentar gradativamente, e não repentinamente.

Objetos 3D devem colidir com outros objetos. No mundo virtual, essa colisão não é tão fácil quanto no mundo real, pois é preciso verificar se cada polígono de determinado objeto cruza com todos os polígonos do resto da cena. Existem muitas maneiras de otimizar esses cálculos e, segundo Eberly (2003), a técnica mais utilizada é a da caixa de limites, que envolve embalar cada objeto em uma caixa e, em seguida, atribuir uma grade completa a ela em vez do objeto. Em um ambiente virtual, é necessário simular a aplicação de diferentes forças no objeto e sempre calcular a força resultante. O Open Dynamics Engine (ODE) é uma biblioteca gratuita para simular a dinâmica de corpos rígidos, incluindo veículos, ambientes de realidade virtual e de criaturas. Ele é desenvolvido em C++ e pode ser facilmente integrado ao mecanismo, portanto, pode ser facilmente reutilizado.

Para fazer uso de qualquer um desses itens, basta incluir a biblioteca na *engine* do jogo e utilizar as funções oferecidas. Mas, se precisar usar o desenvolvimento próprio, é só personalizar o código. É possível usar objetos apropriados para especificar o mundo com propriedades físicas, e em cada ciclo de atualização do jogo, considerando o tratamento de colisões, todas as forças físicas serão aplicadas a tais objetos. Como exemplo podemos citar o Fly3D (2005), uma *engine* nacional que utiliza ODE como o *plug-in* 3D Studio – Ornatrix, que permite renderizar cabelos e torná-los bem naturais, como os cabelos dos personagens de *Final Fantasy*.

Todo o modelo físico tem como base essa biblioteca. Outra opção é um projeto *open source* denominado *Open Dynamic Framework* (ODF), em que é possível criar simulações de física em motores de jogos. Porém sua única restrição é a de que só é possível aplicá-lo em plataforma Windows via directX.

4.2.3 *Engine* de som

Esse componente permite a compilação dos arquivos de som na biblioteca de recursos do jogo. Agregado a uma API, como DirectSound ou OpenAL, é possível reproduzir arquivos e obter um som de qualidade. Ainda é possível controlar os sons posicionais, permitindo aos objetos na cena emitirem sons de acordo com sua posição.

4.2.4 *Engine* de inteligência artificial

A inteligência artificial é um programa que descreve o comportamento de entidades que interagem no jogo (geralmente personagens não jogadores – NPCs) com funções que não são controladas pelo jogador. Atuam por meio de algoritmos que estudam todas as variáveis de ações possíveis para interagir com o personagem principal do jogo (controlado pelo jogador).

Essas ações são comandadas pela mudança de um estado para outro, que é ligada ao evento que desencadeou essa mudança (como ligar ou desligar um aparelho). Logo, a inteligência do personagem no jogo pode ser descrita por alterações de estados, nos quais ele pode se encontrar (por exemplo, em um jogo de ação, podemos descrever esses estados como esperar, perseguir, atacar, fugir ou matar).

O personagem precisa acompanhar constantemente os eventos que podem desencadear uma transição de um estado para outro. Por exemplo, em um jogo de ação, se um jogador, a pelo menos uns 30 m de distância do NPC, dá o sentido de vigilância, o personagem passa da posição de espera para um estado de perseguição. É importante notar que, do ponto de vista gráfico, essa é uma grande inovação. Jogos com gráficos complexos geralmente têm inteligência artificial média, pois o custo de algoritmos inteligentes e processamento gráfico voltados para computadores é alto. De acordo com a pesquisa de Cunha (2002), tecnologias de inteligência artificial, como redes neurais artificiais e algoritmos genéticos, poucas vezes são utilizadas. Um exemplo de *kit* de ferramentas para o desenvolvimento de agentes inteligentes é o DirectIA, um jogo digital para empresas que permite o desenvolvimento de agentes adaptativos que aprendem por meio do contato com o ambiente e os usuários (DirectIA, 2021).

Existem muitos módulos de inteligência artificial de emoção, planejamento, comunicação e aprendizado para se fornecer aos personagens e ao jogo. Mas ainda se trata de um vínculo frágil, que necessita de muitas melhorias.

4.2.5 Escolha da *engine*

Existem milhares de *engines* à disposição na hora de criar jogos e, para escolher a que melhor se adequará ao projeto, é necessário considerar alguns aspectos, a saber:

- **Orçamento disponível** – existe muita diferença de valores, alguns motores custam 100 dólares, outros, mais de 1 milhão de dólares. As funções variam, bem como o suporte e o acompanhamento do desenvolvimento dos códigos. Os mais caros costumam ser aqueles com uma excelente equipe de suporte. O monitoramento dessa ação incluirá o desenvolvimento de *plug-ins*

específicos, a adaptação de funções do motor para necessidades específicas e até mesmo o treinamento de programadores.
- **Marco** – todo projeto tem um cronograma a ser seguido, e algumas *engines* permitem que ele seja concluído em poucos dias, mas isso depende dos padrões que foram definidos.
- **Plataforma** – seu papel é primordial na produção de jogos e de personagens, pois é pouco rentável criar um jogo para apenas uma plataforma. O mercado não é monopolizado e existem várias plataformas como PC, X-Box, GameCube, PlayStation, MacOS e jogos híbridos. É importante que o motor selecionado suporte a plataforma desenvolvida para esse fim. Os jogos mais caros geralmente são híbridos, capazes de rodar em diversas plataformas.
- **Documentação do projeto** – os desenvolvedores de jogos precisam escolher os métodos de documentação antes de entrar no projeto de desenvolvimento na prática. Sem uma documentação válida, os programadores podem errar e usar as funções fornecidas pelo mecanismo de maneira incorreta.
- **Ferramentas disponíveis** – cada motor tem um conversor e exportador, o que permitirá a outros programas que programem seus objetos SDK ou modelo 3D. Os desenvolvedores devem analisar quais opções podem ser usadas para produzir ferramentas para o mecanismo relevante (se o modelador conhecer apenas o Maya, será muito conveniente usar o mecanismo para dar suporte ao Maya para modelos 3D, por exemplo).

A maioria dos desenvolvedores fica preocupada com todo o processo de centralização da criação de mecanismos dentro da organização, o que faz com que detalhes importantes sejam gerados de maneira incorreta e precisem ser reescritos posteriormente (Rolling; Morris, 2004). Isso impacta diretamente no custo de desenvolvimento, porque o encarece; as *engines*, nesse sentido, criam soluções continuamente, permitindo a reutilização de componentes desenvolvidos anteriormente.

Conforme Rollings e Morris (2004), se a complexidade do jogo aumenta, a equipe interna de desenvolvedores demora para gerar todos os códigos para todos os componentes em todos os períodos. Usar a inteligência artificial para mapear erros, escutar os jogadores e usar tudo que já foi desenvolvido é importante para que o jogo melhore em qualidade.

4.3 UDK

O termo *Unreal Development Kit* (UDK) refere-se a um motor de jogo derivado do Unreal 3. Mas o que isso significa? Uma UDK é um modelo pronto (com as ferramentas e o motor), como se fosse um compilado que só precise ser modificado. O motor (*engine*) foi lançado em 2010 para fornecer uma política gratuita para estudantes na área de desenvolvimento de jogos digitais.

Todas as *engines* e UDKs são gratuitas e qualquer pessoa interessada pode baixar o *software* e trabalhar com os modelos disponíveis. No entanto, se a mesma pessoa publicar um jogo feito com UDK de forma comercial, ela deverá pagar uma taxa de *royalty* de 25%. Essas informações estão contidas no EUL, "Contrato de Licença de Motor e Usuário" (Unreal Engine, 2021).

Ao fazer o *download* do UDK de modo pessoal, como usuário, qualquer um pode utilizar o *software*. É um incentivo aos estudantes, pois é uma escolha muito econômica que possibilita a utilização de ferramentas de desenvolvimento atuais, amplamente difundidas na indústria de jogos digitais.

O UDK é conhecido pela qualidade dos jogos que produz e tem muitas franquias de jogos de alta qualidade. Segundo Thorn (2011), é possível elencar as principais vantagens da *engine* de jogo UDK e sua utilização: acessibilidade, rapidez e robustez. É importante ressaltar que a acessibilidade aqui não se refere ao aspecto econômico, mas sim à facilidade de utilização de quem está aprendendo a montar um jogo. O usuário pode utilizar as ferramentas de forma eficaz sem conhecimento específico de programação.

4.4 *Softwares* para criação de personagens

Existem diversos softwares para criação de personagens, aqui destacaremos quatro deles: (1) ZBrush; (2) 3Ds Max; (3) Maya LT; e (4) Blender.

4.4.1 ZBrush

O ZBrush foi desenvolvido pela Pixologic e é utilizado como modelagem 3D do Photoshop. Ele concentra-se na criação gratuita, oferecendo uma maneira inteligente de trabalhar com modelos digitais e facilidade de uso e produção.

Com um pouco de prática, em poucos minutos, é possível desenvolver modelos complexos, acelerando a produção e melhorando sua estética. Atualmente, artistas de todo o mundo utilizam o ZBrush. Na Figura 4.5, vemos um exemplo de vértice poligonal.

Figura 4.5 – **Vértice poligonal**

Marylia/Shutterstock

Em um movimento normal para a contagem de um personagem (montar membros como cabeça, olhos e demais membros), é necessário que o desenvolvedor conheça o movimento poligonal e trabalhe com milhões de polígonos. Com o Zbrush, tudo isso fica mais fácil, um exemplo é o boneco de argila da Figura 4.6, a seguir. Ele tem uma abordagem completamente diferente, mais amigável e próxima da modelagem de bonecos de argila (que você possivelmente já deve ter visto em algum filme de *stop-motion*).

Figura 4.6 – **Personagem modelado**

Aaknar/Shutterstock

O ZBrush oferece liberdade artística, tornando o trabalho mais rápido e eficiente, principalmente por causa da finalização (texturização). Após abrir o programa, ele fornecerá imediatamente uma esfera básica e alguns pincéis para criar a forma desejada. O efeito de usar uma mesa digitalizadora é similar a desenhar em três dimensões. É por essa característica que ele se tornou parte essencial da produção de filmes e jogos digitais.

Ele é um *software* simples e fácil de usar, tendo como principal função o design de personagens e a criação de esculturas. Por meio de métodos de trabalho intuitivos e orgânicos, artistas e demais envolvidos em projetos de animação para jogos podem transferir sua individualidade e sua criatividade aos menores detalhes de seu trabalho. Para modelagem, é utilizado na indústria de jogos, na criação de efeitos visuais, na construção de protótipos, em ilustrações, entre outros.

Por exemplo, a escultura digital substituiu sua forma tradicional. A criação de brinquedos infantis mudou completamente a forma como os videogames são feitos. O programa gera modelos de alto polígono que são configurados para aprimorar os jogos. A versão *low-poly* do mesmo objeto será processada em tempo real durante o processamento dos jogos.

O Zbrush foi o primeiro programa lançado para confecção de animação, tanto para filmes quanto para jogos, além de oferecer uma variedade de opções de modelagem e inovação contínua. Mesmo que uma empresa utilize outro *software*, é possível exportar o modelo sem perda de qualidade.

É importante que personagens com charme e personalidade sejam valorizados em qualquer mercado, e o ZBrush é um dos melhores programas para captar esses detalhes aos olhos dos desenvolvedores (Scherer, 2011).

4.4.2 **3DS Max**

O 3Ds Max foi lançado como 3D Studio em outubro de 1990, ele era o sistema operacional DOS da Microsoft na época. Imagens tridimensionais podem ser geradas com base nele. É considerado um dos aplicativos mais usados para construção de jogos, mas, em razão da adição de tantas atualizações e novos recursos em outros aplicativos 3D, ficou bastante parecido com os demais.

O 3Ds Max sofreu muitas modificações, e a evolução entre cada versão é fortemente notada, sempre visando ao aumento da produtividade. Foram adicionadas ferramentas para lidar com Nurbs, efeitos volumétricos, iluminação fotométrica e iluminação indireta, objetos arquitetônicos e novos modificadores. Esse *software* passou a ser comercializado nas versões 32 e 64 bits, sendo uma delas voltada ao design, e a outra, à visualização e ao entretenimento.

O 3Ds Max começou a interagir com outros programas da Autodesk e, quando se clica com o botão direito do *mouse*, obtém-se a função adicional do menu de formato quádruplo, que acelera a execução de tarefas, especialmente na modelagem orgânica. Esse é um excelente conjunto de ferramentas de modelagem, que permite ao designer concluir qualquer projeto à sua maneira.

Sua interface é relativamente fácil de entender e permite ao usuário acesso rápido às ferramentas de modelagem mais importantes. Uma de suas deficiências, no entanto, é rodar apenas no Windows.

Ele funciona bem tanto para usuários caseiros quanto para equipes de estúdio de jogos, mas não é um programa gratuito, e o valor de sua licença é elevado.

O *spline modeling* é um método de criação com base em formas bidimensionais ou em desenhos de estrutura gerados por *softwares* como Autodesk AutoCad ou Adobe Illustrator e que gera a forma necessária para atuar em operações de linha de produção, como extrusão, torneamento, chanfragem.

Os contornos da imagem criada se estendem ao longo de uma trajetória predeterminada e se convertem em objetos tridimensionais. Esse método pode alcançar alta precisão e capacidade de edição, especialmente quando o *software* utilizado for paramétrico (geralmente 3Ds Max), permitindo que a forma bidimensional original seja reeditada a qualquer momento.

Em razão da forma como os objetos são construídos, muitas vezes de modo semelhante à forma como o produto é projetado, esse método foi construído essencialmente para desenvolvedores. No entanto, a modelagem *spline* trouxe algumas inconsistências para criar peças, moldagem de materiais líquidos e até mesmo objetos de matéria orgânica, como animais e humanos. Essa falha foi resolvida em 1998, quando Peter Watje trouxe um pacote de *plug-in* chamado *Surface Tools*, cuja ideia é trazer um mix dos principais *softwares* do mercado para o 3Ds Max. Ele permite a cada grupo que converta três ou quatro arestas bidimensionais em patch4.

4.4.3 Maya LT

O Maya LT não é uma versão padrão do Maya, mas uma versão leve, projetada especificamente para o desenvolvimento de jogos. Vale ressaltar que, na verdade, não é um aplicativo diferente do Maya padrão, apenas uma versão simplificada que contém as ferramentas necessárias para o desenvolvimento do jogo. Basicamente, há nele ferramentas de modelagem, texturização, montagem e animação. O Maya é responsável por grandes animações e jogos como *Avatar*, *Senhor dos Anéis* e *Pokémon*.

O Maya LT é mais difícil de entender do que o 3Ds Max e fornece algumas ferramentas excelentes para o fluxo de trabalho de desenvolvimento de jogos. É muito fácil exportar modelos 3D e animações diretamente para a pasta do projeto do motor.

Mesmo sem os recursos do Maya tradicional, essa versão ainda é capaz de concluir o trabalho do aplicativo de maneira satisfatória para desenvolvedores iniciantes. O programa também é capaz de modelar, animar e produzir a montagem e a produção de texturas, ou seja, ele contempla todas as etapas do desenvolvimento de jogos.

O *poly modeling* geralmente é usado como método orgânico, e, na maioria dos casos, não tem o tamanho exato do formulário para todos os personagens ou objetos criados. A proximidade do modelo desempenha um papel importante porque garante o efeito desejado por meio das imagens ou dos desenhos técnicos utilizados no segundo plano em que são inseridos. Em outras palavras, a modelagem é feita com base em desenhos ou fotos inseridos em um programa, para que seja gerada uma simulação e, com base nisso, o personagem é moldado.

Dessa forma, várias linhas ortogonais mongeanas constroem o modelo que será formado. Muitos modelos têm simetria lateral em pelo menos um dos planos, principalmente os modelos orgânicos. Por exemplo, existem vários seres que viram personagens que são bípedes. Os membros superiores e inferiores estão em lados opostos, e, além disso, todo um lado do corpo é semelhante à versão oposta do outro lado.

Então, o Maya, para esses casos, reduz a carga de trabalho. Por esse motivo, esse efeito pode ser alcançado pela técnica de espelhamento – a cópia é igual à cópia original e vinculada a ela (Rivers; Durand; Igarashi, 2010). É possível conferir um exemplo na Figura 4.7, que apresenta o formato de um corpo construído com Maya usando *poly modeling*.

Figura 4.7 – **Corpo usando *poly modeling* – Maya**

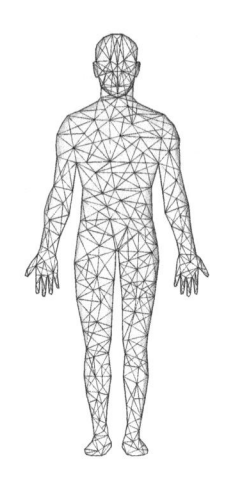

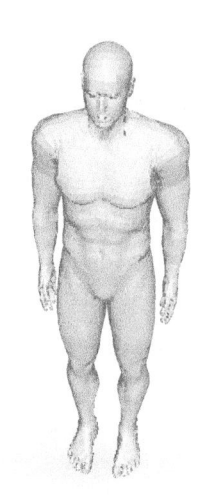

IgorShi e Graphiteska/Shutterstock

4.4.4 **Blender**

O Blender foi desenvolvido como um aplicativo interno pelo estúdio de animação holandês NeoGeo, cofundado por Ton Roosendaal em 1988. Em 1998, Roosendaal estabeleceu uma nova empresa, chamada *Not a Number* (NaN), para desenvolver e distribuir programas e fornecer produtos e serviços comerciais relacionados ao Blender.

A NaN faliu em 2002 em razão de baixas vendas e problemas financeiros e, no mesmo ano, Ton fundou a Blender Foundation. Em julho daquele ano, ele lançou uma campanha chamada "Free Blender", que arrecadou 100 mil euros e permitiu aos investidores lançar o plano como *open source*. O Blender foi lançado sob a GNU General Public License (GPL) em 13 de outubro de 2002.

Atualmente, ele é desenvolvido pela Blender Foundation e apoiado por doações da comunidade; materiais relacionados a ele são vendidos na loja *on-line*. O Blender foi originalmente escrito em C, e atualmente é escrito em C++ e algumas partes (principalmente *scripts* embutidos) em *python*. Em julho de 2009, Ton recebeu um doutorado honorário em tecnologia da Leeds Metropolitan University por sua contribuição para a tecnologia criativa.

Em julho de 2019, com o lançamento da versão 2.80, a *engine* do jogo (Blender Game Engine) foi excluída, e os desenvolvedores sugeriram o uso de produtos alternativos como o Godot. O antigo renderizador foi substituído por EEVEE. Em junho de 2020, a versão 2.83 LTS foi lançada, obtendo suporte de longo prazo pela primeira vez, e fez correções importantes em dois anos. Com ele, os usuários podem criar projetos simples (como protótipos e modelos de produtos) e complexos (como animações e jogos). O programa tem uma gama de ferramentas (função de registro detalhado) que podem ser usadas para criar personagens. É possível criar um modelo com base em uma superfície e usar um modificador para obter as mudanças necessárias. A interface é amigável e adaptável permitindo que o *layout* seja reorganizado de acordo com o estilo de trabalho. O Blender é gratuito e simula ambientes e personagens muito próximos da realidade.

robuart/Shutterstock

CAPÍTULO 5

EVOLUÇÃO NA CRIAÇÃO DE PERSONAGENS EM JOGOS DIGITAIS

Para compreendermos a evolução dos personagens de jogos desde sua criação até os dias de hoje, é necessário ter em mente que tudo surge de uma história. Todos os jogos de videogame partem da premissa de que existe uma história, mesmo que pequena, rodando como pano de fundo do jogo, e isso remonta à literatura, aos livros de contos.

A dinâmica é a mesma para filmes, quadrinhos e outras formas de contar histórias. Por isso, jogos geram filmes, quadrinhos etc., e vice-versa. E o que materializa todo esse contexto é a tecnologia.

Dentro de um jogo digital, é preciso se atentar à narrativa, pois ela gira em torno do personagem principal, que representa o jogador, que, por sua vez, interfere na história, um percurso cíclico que acaba virando um curso estratégico.

Trabalhar com a narrativa e o enredo do jogo significa trabalhar com um projeto. É possível montar um enredo tradicional é completamente linear, e esse enredo servir apenas como base para toda a sequência de eventos que é montada de acordo com as ações do personagem principal. De modo prático, vamos pensar em um personagem que tem uma parede pela frente: se ele a esmurrar, pode ter um resultado; se a quebrar com uma picareta, outro; se a escalar, um resultado diferente dos outros dois pode ser produzido. Portanto, o enredo não é mais linear.

Pensar em um jogo em forma de projeto é primordial para elaborar todas as suas fases, pois cada ato tem uma consequência dentro do jogo. Um bom estudo de viabilidade, a coleta de dados para se montar um escopo consistente, um trabalho de planejamento de riscos e a realização de testes antes da produção são essenciais.

5.1 O sucesso cinematográfico de *The Legend of Zelda*

Ter um roteiro, montar um projeto, tudo isso é importante para o processo de criação de um jogo. A narrativa com todos os papeis definidos para todos os personagens é primordial para essa fase.

Os *scripts* de sequência de cada cena são de suma importância para o sucesso de cada personagem. Um exemplo claro disso é a evolução do personagem Zelda, que, assim como Mario, começou de maneira bem grotesca em um jogo de *pixel art*, que, mesmo com falhas, tinha uma boa história.

Então, em 1998, foi lançada a remasterização pela Nintendo, totalmente em 3D e com toda uma estratégia de filme dentro de um jogo que é sucesso até hoje.

A conceito de *affordance*, segundo Gonzalez (2018), "foi originalmente proposto pelo psicólogo James Gibson em 1977 para denotar a qualidade de qualquer objeto que permite ao indivíduo identificar suas funcionalidades através de seus atributos (forma, tamanho ou peso) de maneira intuitiva e sem explicações". Tal conceito é usado em muitos campos, como psicologia, administração, indústria, *marketing*, psiquiatria etc.

No jogo *Legends of Zelda*, é possível perceber uma série de *affordances*, em movimentos, na coleta de itens, no ambiente e nos personagens.

A cada versão desse jogo, esses e novos *affordances* tornam-se marcantes. A melhoria na história do jogo a cada nova versão é perceptível, trazendo sempre novos personagens e vilões, mas mantendo o foco no personagem principal.

Em muitos momentos, o jogo se confunde com um filme, e não é possível interagir. Mas são pequenos espaços durante o jogo que contam uma pequena história que interage com o jogo e podem fazer com que se entenda o enredo e como chegar ao objetivo final da trama.

5.2 Jogos e emoções

O lançamento de *Shadow of the Colossus*, desenvolvido para PlayStation 2, marcou o ano de 2005. A história domina todo o jogo, a narrativa é mais dinâmica e sua jogabilidade é fascinante e emocionante. Tudo gira em torno do personagem principal, Wander, um menino que viaja a cavalo e salva uma menina em terras distantes. Mas fazer essa travessia não é fácil, porque no percurso ele tem de derrotar 16 gigantes. É um jogo no tempo presente, que tem poucas interações, mas instiga o jogador a ficar até o final para saber o que ocorrerá na trama.

5.2.1 Ficção interativa

Mais um exemplo de história que eleva o personagem é *Life is Strange*, desenvolvido para PC, Xbox 360 e Playstation 3, no qual Maxine Caulfield viaja pelo tempo e fotografa tudo.
Um efeito borboleta (efeitos de transformação do personagem) será produzido para cada um que você escolher. As tarefas secundárias e as mudanças que ele causa são como quebra-cabeças, e a árvore de diálogo fala com outros personagens durante a jornada.

Atualmente, com auxílio da inteligência artificial e em busca de realidade, os jogos usam filmes, linguagens e ideias em uma perspectiva de primeira pessoa para criar novas formas de imersão: em romances interativos, a história se desenrola de acordo com a escolha do jogador, fazendo muitas vezes ele sentir que existe alguém de verdade do outro lado. Quando o protagonista precisar tomar uma decisão, as opções podem ser escolhidas pelo jogador, fornecendo-o domínio sobre o personagem.

É importante entender a árvore de diálogo e o modo como ela funciona dentro de um jogo. Trata-se de um mecanismo utilizado em muitos jogos, mas com profundidade e com mais frequência em jogos de RPG. A árvore de diálogos é inserida na história quando o jogador está falando com um personagem não jogador (NPC) ou em circunstâncias em que o jogador precisa de alguma informação de outro personagem para seguir no jogo. Geralmente, são textos prontos em que é possível escolher o que dizer e simular uma conversa com o jogador.

5.3 Do *pixel* à vida real

Desde o início, o jogo usa o design gráfico como mecanismo criativo. Os videogames acompanham a evolução da tecnologia virtual como meio cultural e artístico de entretenimento e buscam imitar mídias como televisão, filmes e quadrinhos (Wolf, 2012).

Dentro da complexidade da realização de imagens e gráficos nos jogos contemporâneos, uma parte sofreu influência do surrealismo. Segundo Little (2011), sonhos, fantasias, devaneios, inconsciência e falta de lógica são a base para a criação do movimento surrealista, fundado em Paris em 1924.

Posteriormente, outras mídias se inspiraram em personagens de jogos existentes, priorizando estética, realismo e super-realismo. Nesse período, os primeiros experimentos de jogos em computadores de grande porte se restringiram a laboratórios de pesquisa.

O fotorrealismo, ou realismo radical, é o movimento de obter imagens com clareza absoluta e objetiva, tendo a mesma fidelidade e objetividade das fotos, conforme Figura 5.1.

Figura 5.1 – **Fotorrealismo**

Natykach Nataliia/Shutterstock

Esse é o estilo de realismo mais absoluto, o que contradiz o estudo do minimalismo e da arte abstrata em seu conceito de pintura (Capeller, 2008). Trata-se de uma versão meticulosa e detalhada do processamento de imagens, que utiliza tecnologias, métodos e meios fotográficos para obter resultados super-reais, os quais terão um impacto prático no espectador e o farão refletir.

O hiper-realismo é um tipo arte que tem efeito igual à fotografia de alta resolução. Esse movimento é uma evolução do fotorrealismo, e seus recursos técnicos de imagem e som proporcionam "superampliação da percepção do objeto" (Capeller, 2008, p. 65), por ser diferente da visualização na tela.

É preciso entender aqui os efeitos do surrealismo acoplados ao hiper-realismo. Atualmente, todas as imagens que são produzidas por computador trazem realidade a um contexto de fantasia, portanto os personagens e as cenas carregam verossimilhança. "Deste modo, elas não mais representam, mas simulam, criam um mundo digital que será a referência" (Costa, 2010, p. 3). O surrealismo não parece vir diretamente do cinema, mas de uma nova demanda por experiência visual e sensorial.

Obviamente, os observadores do século XXI vivenciam cada vez mais experiências sensoriais intensas por meio da visão (nas telas dos computadores, nos videogames e nos dispositivos de realidade virtual), estabelecendo, assim, uma relação com o objeto a ser observado.

Uma relação mais mágica a partir das possibilidades que revela torna-se mais fascinante e deslumbrante, caótica e envolvente. Concomitantemente, essa relação desperta novas funções de aparência e substitui funções de aparência anteriores: na realidade virtual, uma ferramenta de interação humano-computador tátil e a interação homem-computador são efetivamente propostas.

Além da necessidade da fantasia estética, os romances não precisam mais "fingir" que são realidade. Antes de entrar no campo das imagens 3D, muitos jogos utilizavam recursos 2D com sombras e efeitos para simular imagens 3D.

O hiper-realismo se manifesta em um ambiente no qual o conceito de realidade inclui simulação. O mundo artificial simulado está associado à experiência real marcada pela virtualização. Na virtualização, a simulação não é vista como uma coisa falsa nem completamente como uma simulação, mas como uma forma real de experimentar a realidade. De acordo com Costa (2010), esse tipo de estética, emprestado às salas de cinema deste século, é um recurso importante para maximizar a imersão e a interatividade. Depois desse resultado, a tecnologia foi transferida para jogos e ambientes de jogos, e a semelhança com os filmes foi um dos aspectos mais intensos da última década. As empresas que atuam no design de cenas digitais na indústria cinematográfica parecem reais e estenderam sua atuação para a indústria de jogos (Costa, 2010).

Esse é um ponto de reflexão, ilustrando as consequências cognitivas, sociais e culturais que essa mudança para um novo modelo de realidade pode trazer.

5.4 Evolução do jogo: gráficos 2D para 3D

Os primeiros jogos contavam com gráficos muito simples e limitados. Como estudamos até aqui, eles eram principalmente monocromáticos com um número limitado de *pixels* e surgiram quando a arte abstrata era popular, embora as abstrações encontradas nos primeiros jogos fossem geralmente o resultado de limitações técnicas, em vez de escolhas artísticas deliberadas (Wolf, 2012). A Figura 5.2 mostra um exemplo de jogo antigo em *pixel art*.

Figura 5.2 – **Jogo antigo**

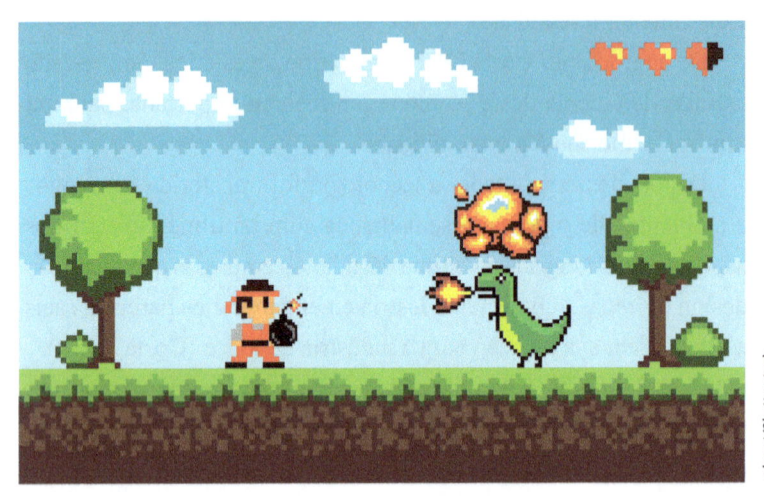

Com o avanço da tecnologia, os designers expandiram sua visão de representação gráfica, e o papel do design abstrato mudou da percepção para o conceito, e as imagens 2D evoluíram para gráficos 3D.

A parte bidimensional do jogo refere-se às imagens estereoscópicas que causam a ilusão de profundidade, e os gráficos 3D incluem vistas em perspectiva, que são calculadas por renderização matemática de linhas pontilhadas e planos (Wolf, 2012). Dessa forma, a simulação computacional e a visualização matemática levam o design gráfico a outro nível de projetos de jogos. Em apenas dez anos, o mundo do jogo mudou de 2D para 3D. Na Figura 5.3, é possível observar o personagem Golem, em 2D; e na Figura 5.4, um personagem construído em 3D.

Figura 5.3 – **Golem**

pzUH/Shutterstock

Figura 5.4 – **Robô 3D**

tsuneomp/Shutterstock

Essa é a maior revolução que a indústria dos jogos promoveu no mundo. A tecnologia quebrou a barreira entre sonhos e realidade, então, representar as pessoas, o que era quase impossível, hoje é fácil. Dessa forma, o jogo se torna mais humano. Com esses avanços, é possível estreitar a relação entre Hollywood e os *games* (Amoroso, 2009).

Do design quadrado ao impacto de gráficos ultrarrealistas, as mudanças gráficas ao longo do processo de desenvolvimento do jogo são impressionantes. A aparência gráfica do jogo é o principal indicador de seu nível técnico, pois determina o tempo e o estilo estético únicos. Partindo da lógica da construção visual estética, o jogo utiliza diversas representações gráficas (Branco, 2011).

Dentre os gráficos digitais ou ferramentas digitais, Branco (2011) e Wolf (2012) destacam as mais importantes:

- *Pixels* ou *pixel art*: a forma é aplicada à arte digital de jogos 2D; imagem editada com *pixels* como elemento básico separadamente; e há *pixels* na edição de imagem.
- **Raster** e **vetor**: tecnologia vetorial, gráficos vetoriais manipulam diretamente o feixe de elétrons para formar uma imagem semelhante a um osciloscópio de "tênis para duas pessoas"; o feixe de elétrons varre linha por linha para formar uma grade. Método de desenho familiarizado na tela.
- **Desenho animado**: desenho animado, personagens e cenas estilizadas.
- **Chamada de subimagem**: vários pedaços de uma imagem usando a carga menos pesada em um computador para configurar uma imagem e criar arte por meio de imagens pixelizadas. Essas

imagens formam um jogo leve, divertido e que não requer muito de nenhum tipo de console onde ele vai rodar.

A criação de *sprites* é uma forma de arte pixelizada. Em computação gráfica, um *sprite* é um *bitmap* bidimensional integrado em uma cena maior. Já o item *swan song* é um console – tipo um *game boy* de jogos que surgiu no final da febre dos jogos por videogames e no começo de jogos por celular e por computador.

A seguir, apresentamos algumas definições de termos da área de jogos:

- **Voxel**: *pixel* de volume.
- **Cel-shadow**: estilização e tecnologia de efeito de sombra, usando contornos escuros em objetos 3D, iluminação plana, texturas simples na superfície e efeitos menos realistas, semelhantes à iluminação de desenho animado.
- **Realism**: realidade ou realismo visual.
- **Hiperrealism**: muito próximo ou mais real, realismo.
- **Indie**: estilo alternativo, design independente e não convencional.
- **Abstract**: estilo abstrato.
- **Tesselation (tecelagem)**: ferramenta gráfica criada em formato de mosaico. Na cultura do jogo, diz-se que a "tesselação" funciona por meio de algoritmos. Nesse algoritmo, os modelos com menos polígonos podem ser destruídos, e mais triângulos significam mais polígonos. Quanto maior a qualidade dos polígonos, mais realistas e com mais riquezas de detalhes são as imagens.

Resumindo o estilo, a estética do desenho, o realismo e o hiper-realismo são melhorias que criam atualizações. Um bom exemplo disso são os jogos da Nintendo (Wolf, 2012).

Ao contrário do realismo, os desenhos animados promovem naturalmente a simpatia das pessoas pelos personagens, e a linguagem cômica ou alguns protagonistas famosos apoiam esses personagens sem depender da comparação com a realidade.

5.4.1 Evolução do *pixel* − Mario

Quando o primeiro jogo apareceu, era tudo tão quadrado e tão divertido que ninguém se importou com o realismo.

A época era voltada ao entretenimento e tudo que fosse fora da realidade era divertido. Os efeitos visuais do jogo, mesmo que limitados, eram o máximo para a época, pois não haviam recursos, os computadores eram do tamanho de geladeiras, e tudo que remetesse o ser humano a um ambiente de automatização era um fenômeno.

Os jogos digitais, atualmente, representam uma poderosa indústria que explora e melhora todos os seus gráficos dia a dia. Criar a partir do que se tem é muito mais prático e, claro, a evolução não acontece da noite para o dia, mas mesmo que o progresso seja lento, ainda podemos ver grandes mudanças nos efeitos visuais de vários jogos que surgiram ao longo dos anos. A diferença geralmente está nos lançamentos que apresentam os mesmos personagens em uma temática diferente, remasterizados, com novos amigos e inimigos.

Quando Mario apareceu, no jogo *Donkey Kong*, em 1981, ele ainda se chamava Jumpman (Figura 5.5). Seus movimentos e aparência eram muito limitados e mesmo depois de mudar de nome e ganhar sua própria série de jogos "Mario Bros.", lançada em 1983, o mascote da Nintendo não era como o encanador que conhecemos.

Figura 5.5 – **Jumpman**

O sucesso foi muito grande e as mudanças gráficas têm acompanhado sua evolução ao longo do tempo. Isso é totalmente visível nos jogos "Game Cube" e "Wii" (como o famoso Super Mario Galaxy), bem como é muito perceptível no investimento que a Nintendo faz na criação de um universo digno do sucesso dos personagens. Muitos dos esforços dos desenvolvedores para melhorar a aparência do jogo do encanador incluem uma melhoria significativa na textura, um aumento no número de polígonos e atenção ao brilho.

Antes mesmo do primeiro *Super Mario*, o personagem apareceu em outro jogo sem seu nome, o *Wrecking Crew* (Figura 5.6), da Nintendo.

Figura 5.6 – **Mario em *Wrecking Crew***

Arcadelmages/Alamy/Fotoarena

O nome se refere ao papel do personagem no jogo: basicamente desmontar a posição e atingir o gol. O jogador controla quem é Mario ou Luigi, dependendo de quem é o primeiro e o segundo jogador.

No jogo do *Mario*, se há alguma cena que configura sua localização em público, os elementos não o retratam. Para melhor entendimento, se há uma cena no jogo em que aparece um *outdoor*, o Mario nunca vai aparecer nele, e isso acontece porque seu criador, Shigeru Miyamoto, nos jogos iniciais, colocava um Macaco (Dom King) como personagem de um jogo quando eles se encontravam em um shopping. Isso não deu muito certo porque os créditos foram dados ao macaco, que depois virou nome de rua e de um *shopping* em Nova York.

Na época, Mario era chamado de *homem saltador* e sua tarefa era resgatar a princesa.

Os jogos do Mario marcaram gerações por serem simples e usados como plataforma única. Suas fases hoje se resumem a subidas, descidas montanhas, jogos de carro onde você acaba com os obstáculos para chegar ao vilão e salvar a princesa. Independentemente da história, a dinâmica do jogo é essa. As mudanças no Mario são sensacionais, e escolher se ele teria chapéu ou cabelo foi fácil, embora muitas pessoas achassem estranho um encanador não perder o chapéu. Mas seu chapéu tinha outras funções na temática daquele jogo, e a tecnologia também não permitia que se criasse cabelos como vemos em *Final Fantasy*, por exemplo.

Assim, Miyamoto decidiu inserir uma boina vermelha no herói para evitar erros de penteado por limitações gráficas, e acidentalmente criou um dos ícones de videogame mais famosos de todos os tempos. Como alguns jogos têm intenção de transmitir algum ensinamento, ele criou um vilão que se tornou bom. Em muitas versões do jogo do Mario, o Bowser é um inimigo do bem, que quer se casar com a princesa e a agrada ou se torna parceiro de Luigi para chegar em algum lugar; ele não é um inimigo, é um companheiro de jornada.

Quem pensa que Mario teve sua inspiração em um encanador se engana, seu criador se inspirou no Popeye para montar o personagem. A Nintendo tentou comprar os direitos autorais do personagem Popeye, mas não conseguiu, então adaptou o Popeye.

5.4.2 **Entre a fantasia e a realidade**

Como em todos os jogos orientais, os personagens e inimigos de Mario na série *Super Mario* são inspirados pela proximidade de elementos do mundo real. Um bom exemplo é Chain Chomp, inimigo cuja boca de bola está presa na corrente.

Segundo o criador de Mario, o Chain Chomp foi inspirado na sua infância, em um cachorro vizinho que o perseguia, mas foi acorrentado, então, ele só poderia se mover de uma maneira. Outra evolução tecnológica do Mario se dá no jogo *Super Mario Galaxy*, em que o personagem tem movimentos físicos no Wii, inspirado na demonstração da tecnologia *Super Mario 128* apresentada pela Nintendo em evento no ano de 2000.

Como estratégia de *marketing* para mostrar o aparecimento do novo jogo Mario, a versão *Super Mario 128* é, na verdade, uma sequência direta de *Super Mario 64*.

Na versão posterior, *Super Mario Galaxy*, isso não aconteceu, mas uma cena, a do *looping*, é uma das principais novidades e uma cópia do jogo *Super Mario 128*, que, nesta versão, traz como novidade o cenário japonês, pois nela Mario mora no Japão.

Em *Super Mario Bros. 3*, produzido pela Nintendo, o formato de um dos mapas vistos no jogo é inspirado no mapa do Japão, de uma ponta à outra, com pequenas restrições e detalhes diferentes.

Todas as versões dos jogos do Mario têm como mensagem lições que vão desde competição, transformação, empatia e ajuda ao próximo.

É perceptível em suas interfaces e mecanismos um estímulo à compreensão estrutural do jogo e de suas regras.

Nesse processo de entendimento das regras do jogo, a experiência é gerada e utilizada como recompensa aos jogadores, sendo possível ver estimuladas memória, atenção, raciocínio, julgamento, imaginação, pensamento e linguagem. Tomamos como exemplo a versão *Super Mario Bros.*, na qual o que mais chama a atenção no aspecto cognitivo é o raciocínio.

5.4.3 A sucessão de um homem só

Os principais aspectos de todos os jogos da série são analisados, isto é, os gráficos e os personagens são reavaliados e repaginados sempre. Ao longo do lançamento, em razão da experiência relatada pelos jogadores, a mecânica e suas modificações são implementadas, e nas versões melhoradas, surpresas acontecem no meio do jogo ou EasterEggs vem para premiar cada partida.

O jogo segue sempre a mesma lógica, e algumas curiosidades são:

- Os movimentos são das séries de jogos *Donkey Kong*
- O jogo criado para console doméstico (uma das primeiras versões de Mario) da Nintendo, NES (*Nintendo Entertainment System*), corre e salta entre plataformas e obstáculos.
- Campeão de vendas, chegou a vender 40 milhões de exemplares e aqui ele já tem uma outra aparência e uma outra dinâmica dentro do jogo, alguns cogumelos viram personagens (Toads e os Munshus) e o jogo tem uma estrutura mecânica simplificada, totalmente acabada em modo 2D em cores planas.

- O jogo *Super Mario Bros: The Lost Level* foi lançado em 1986 no oriente e no ocidente, e *Family Disk System* foi lançado no Japão. Entretanto, é uma cópia do jogo *Doki Panic* com o personagem Super Mario. Portanto, *Lost Level* é chamado de *Super Mario Bros. 2* no Japão, tendo chegado ao Ocidente em 1993 como uma versão revisada da coleção *Super Mario All-Star* da SNES (Super Nintendo Entertainment System).
- Vendeu 18 milhões de cópias e se tornou o jogo independente mais vendido da história. *Super Mario World* também é conhecido como *Super Mario Bros 4*, e o jogo é a primeira versão disponível no novo console, abrindo espaço para novas possibilidades mecânicas.

Jennie Book/Shutterstock

CAPÍTULO 6

CONCEPT ART

A *concept art* é uma representação visual idealizada para proporcionar entretenimento; ela ajuda no desenvolvimento de projetos, principalmente de personagens, porque acelera e torna a produção mais coesa, possibilitando ao desenvolvedor fundir, mudar, interagir e colocar as ideias de uma maneira mais visual. Sua finalidade é dinamizar o projeto e sua primeira etapa é coletar o maior número de informações possíveis para tornar o produto atraente a investidores, bem como agilizar toda a fase de produção.

Geralmente, essa forma de arte é utilizada no início da produção, fazendo a materialização da história por meio dos personagens. Quando isso ocorre, tem-se uma visão global do jogo. Nessa fase, o objetivo do artista é criar reconhecimento visual do jogo e determinar a linguagem a ser usada em todo o processo de desenvolvimento do projeto. Trata-se de um trabalho completo, desafiador e emocionante, embora seja invisível ao público. É necessário destacar que essa arte é diferente da chamada *arte conceito*, que também tem representação no mundo da arte.

Podemos dizer que os artistas conceituais são aqueles com capacidade de explicar pensamentos e dar vida a histórias, conseguindo gerar e torná-los realidade. Para desenvolvedores que pretendem trabalhar com *concept art*, é tornar o projeto totalmente viável, com um produto gerado com qualidade e criatividade. Muitas vezes, de um único produto surgem personagens e animações para filmes, jogos, curtas e até brinquedos. Ter uma noção de arte é o pontapé inicial para se tornar um excelente designer de jogos.

Elaborar um projeto de conceito esclarecido é trabalhoso, há um processo detalhado e iterativo, e é preciso energia e conhecimento para consolidar as ideias e avaliar o resultado. O trabalho de um designer começa com o desenho (esboço) e, depois, parte para a elaboração mais refinada.

Na parte do esboço, quando as ideias jorram e do nada é preciso formar algo, é o momento para os designers avaliarem possibilidades, viabilidades e montar um protótipo do que se quer. O próprio conceito de expressão pode implicar ideia conceitual para a elaboração de um produto de qualidade para o futuro (Pipes, 2010). Esse conceito engloba, ainda, diferentes atuações de criação, como personagens, cenas, acessórios e outros artefatos que tendem a influenciar e interagir uns com os outros.

Para o designer de personagens especificamente, não se trata apenas do fato de criar ou projetar algo, é preciso que, por meio desses personagens, seja possível enxergar crenças, expectativas e reações humanas impressas no personagem. A forma e a aparência física são características que precisam se refletir no personagem, e quem joga ou quem assiste a um filme precisa reconhecê-las (Tillman, 2017).

Aqui, ressaltamos a qualidade exigida pelo público nos dias de hoje, pois antigamente personagens menos rebuscados exigiam um impacto maior nas pessoas. O Fantasma da Ópera, por exemplo, hoje não assusta as pessoas, mas personagens como o Predador ou mesmo personagens da saga Senhor dos Anéis causam muito mais a sensação de medo nas pessoas que assistem.

Então, o apelo, a evolução e o estudo de quem desenvolve jogos é primordial. O design dos personagens está cada vez melhor. Imagens e ideias são explícitas hoje nas características dos personagens e muitas vezes eles nem precisam de falas em um jogo ou em um filme; pelo que é expresso já se sabe a que ele veio. A equipe de desenvolvimento precisa trabalhar de maneira muito coesa para que isso aconteça.

É obvio que o resultado do trabalho de um personagem se deve ao designer, e, segundo Seegmiller (2008, p. 5, tradução nossa), "é uma tarefa difícil, porque o personagem é único, o que é bom para uns pode não ser para outros". O processo de desenvolvimento de funções tem ideias ambíguas sobre o que é criativo e o que não é, pois imprime muito de quem o desenvolveu: seus gostos e sua impressão sobre o projeto.

A concepção de um personagem vai além de uma ideia e de um desenho. Muitas variáveis são consideradas na criação de um personagem, muitos artistas imprimem isso em uma tela para depois passar para uma equipe de desenvolvimento, tudo é direcionado para que se tenha o melhor resultado possível.

6.1 Problemas na criação

Segundo Tillman (2017), a maior dificuldade na criação de um personagem é montar sua base, obter as ideias básicas. Estruturar tudo isso é direcionar a ideia, e o mais importante é saber se ela está no caminho certo. Trabalhar com *brainstorming* nesse momento ajuda muito, é preciso registrar todas as ideias e depois tentar organizá-las para refinar o resultado. O importante aqui é não limitar o fluxo de criatividade.

A seguir, temos algumas maneiras de ajudar a resolver o problema quanto à criatividade para desenvolver um personagem.

- **Quadrinhos**: seu uso pode capturar a natureza do personagem.
- **Humor**: imagine o papel na situação, histórias interessantes podem ser uma forma de abrir novos tópicos.
- **Visão, esboços e manchas de tinta**: manchas de tinta famosas, parecidas com as de Rorschach podem ajudar a "brotar" novas ideias.
- **Exagero**: exagerar o personagem, pois algumas partes dele são semelhantes às histórias em quadrinhos.
- **Corpo e rosto**: restaura a expressão na maioria dos casos necessários. Desenhar uma série de esboços sem parar, seguindo uma sequência, depois, é só selecionar os melhores.
- **Técnica dos cinco pontos**: consiste em pedir a qualquer pessoa que faça cinco pontos no papel e a partir deles criar um personagem.
- **Idealização**: fazer com que o personagem se encaixe nas roupas, nas ideias e na história.
- **Combinação**: listar tudo que o personagem precisa e, em seguida, fazer diversas combinações, avaliá-las e ver o que é pertinente ou não.
- **Deformação**: avaliar tudo que pode ser cortado, dobrado, girado e melhorado com alguma manutenção.
- **Evolução da função**: ter em mente que nada é para sempre, que esse personagem pode melhorar de estágio e, para isso, provavelmente necessitará de uma nova aparência e funções diferentes.

6.1.1 **Esboço – *sketches***

O *sketch*, que pode ser traduzido como esboço ou diagramas de resumo do personagem, é projetado para que se planejem seus gestos, movimentos e sua composição de imagens. No esboço, é possível enxergar o que precisa ser melhorado e o que precisa ser tirado. Também é possível montar o boneco ou modelo de personagem, produzindo-o rapidamente, o que permite maior fluxo de criatividade e mais produção de ideias alternativas.

6.1.2 **Criação e sua estrutura**

No design de personagens, entender um pouco de anatomia é essencial para aplicá-la ao personagem, pois ela será necessária para configurar o estereótipo. Há duas maneiras de se apresentar essa estrutura:

1. **Correta**: une os requisitos propostos no levantamento do personagem.
2. **Distorcida (proposital)**: a imagem é apresentada em uma combinação única e não natural.

De acordo com Lemen (2010, p. 17, tradução nossa), "existem dois jeitos de lidar com gráficos, geralmente por observação e por fórmula". O gráfico de **observação** tem como base o método de visão, treinando os olhos e seguindo com fidelidade o que se vê. Já o design de **fórmula** envolve a impressão pessoal com formas abstratas e misturadas. A composição global do projeto como um todo pode ser planejada por meio de rápidos rascunhos, gerando uma série de possíveis alternativas, possibilitando, com base nesse ponto, uma etapa de escolha e refinamento.

A *concept art*, sem dúvida, é fundamental para o desenvolvimento do projeto; com foco no design e na redução de tempo e custo, os designers de personagens devem aprender a desenvolver o processo criativo para tirar o melhor resultado possível do projeto.

Escolher acessórios (ou qualquer outro tipo de artefato ou formas secundárias) pode fornecer uma interpretação significativa de funções do personagem, dando ao jogador independência no jogo, de modo que ele se sinta parte atuante. Em muitos casos, a parte visual do personagem reflete sua ocupação ou sua próxima ação dentro da história.

6.2 Skin

Skin (pele, em português), na linguagem dos jogos, é uma forma de imprimir um pouco do jogador dentro do ambiente. A pele é uma aparência alternativa, que define parte da ação do jogador dentro dos jogos digitais. É possível entender que, dentro da estrutura do jogo, essa forma pré-moldada pode ser alterada, ganhar força e ainda revelar características do jogador. Dentro do jogo, podemos também classificar a *skin* como uma capa, um artefato, uma transfiguração, por meio de acessórios que mudam o personagem de patamar.

Para entender melhor uma *skin*, vamos considerar sua aplicação em outros aplicativos que usamos cotidianamente, como Facebook e WhatsApp, nos quais escolhemos nossa foto de perfil, assim como na maioria das redes sociais, nas quais podemos ser o que quisermos, e não necessariamente quem somos na realidade. Funciona como um *alter ego*.

Também é possível tratar a *skin* como um bem comum que pode ser comprado ou conquistado dentro do jogo, graças à evolução no modo de jogar (Ferreira; Falcão, 2016). Geralmente, as *skins* são pré-fabricadas, ou seja, quem desenvolve o programa, o jogo ou o aplicativo cria artefatos que funcionam como um suporte de opções para incrementar a experiência do jogador dentro daquele meio. Alguns jogos e aplicativos também permitem ao usuário/jogador que crie suas próprias *skins*. Na Figura 6.1, há um exemplo de *kit* de criação de *skins*.

Figura 6.1 – **Kit de criação de skins**

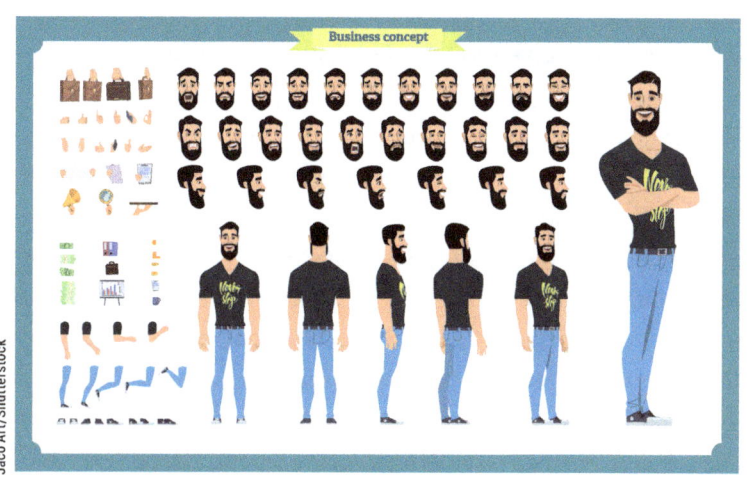

Alguns navegadores fazem esse tipo de customização, por exemplo, o Google Chrome. Nos aplicativos do Google, como o Gmail, é permitido que você defina (dentro de conceitos pré-fabricados) como você verá seu e-mail (com cores, bonecos e modos de apresentação diferenciados). Isso também acontece com o Mozzila Firefox, que tem o Greasemonkey, ferramenta que permite ao usuário modificar sua interface, embora em padrão inferior ao de outros navegadores. O Hipster também é usado para alterar a aparência do próprio navegador na área "Estilo Global".

Resumindo, *skin* é uma "máscara", tanto para personagens de jogos quanto para navegadores, programas personalizados e estilos de *software*. Você pode encontrá-los no próprio *site* dos programas ou em um *site* aleatório.

6.3 Personagens do *Fortnite* – *skin*, fantasia e realismo

Por que vamos falar de *Fortnite*? Primeiro, porque é um dos jogos mais acessados do momento; segundo, porque ele movimenta fortunas; e terceiro – e não menos importante –, porque ele tem o maior número de personagens com características próximas às reais, e muito de seu sucesso se deve a isso. Esse jogo mistura fraquezas físicas com a fantasia de mudar para melhor. Todos os seus personagens têm muitas das características pessoais de seus jogadores e ainda imprimem força quando configurados em *skins* que representam algo não tão forte, como um tomate, por exemplo. As *skins* representam os sentimentos dos jogadores e permitem que se dê as impressões ao personagem pela ótica do jogador. Embora já sejam pré-fabricadas pelos desenvolvedores dos jogos, elas têm como base as informações que são coletadas dos jogadores por meio da inteligência artificial.

Criado em 2011, o *Fortnite* é um jogo *on-line multiplayer*, desenvolvido pela Epic Games e lançado em diferentes modos que compartilham a mesma jogabilidade e o mesmo mecanismo. Esses modos de jogo incluem o *Fortnite: Save the World*, um jogo de sobrevivência cooperativo pago que pode acomodar até quatro jogadores. A Figura 6.2 mostra uma imagem do jogo *Fortnite* para *smartphones*.

Figura 6.2 – **Fortnite**

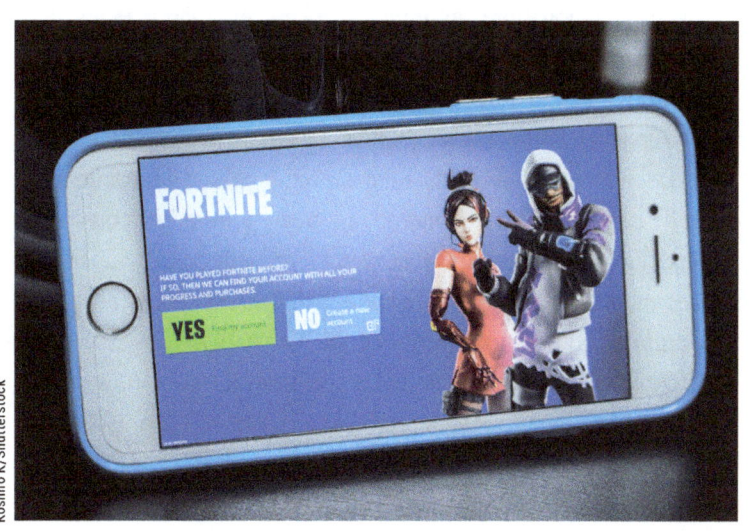

O jogo tem elementos e personagens que misturam vários estereótipos. Em alguns momentos, os personagens são humanos que lutam contra cadáveres (zumbis) e usam fortificações que podem ser construídas para defesa. A versão do jogo que trabalha dessa maneira é a *Battle Royale Fortnite*.

O jogo *multiplayer* atende até cem jogadores que lutam em espaços cada vez menores e trabalham em equipes, em uma espécie de torneio que classifica os jogadores do primeiro ao último lugar no *ranking*. Algumas versões do jogo estão disponíveis apenas para Windows, MacOS, PlayStation 4 e Xbox One (computadores e videogames), enquanto outras são feitas exclusivamente para *smartphones* e *tablets*. Um exemplo disso é o *Battle Royale*, lançado para Android.

Quando os jogadores assumem as *skins*, eles são responsáveis por estimular, manter e fortalecer os padrões sociais e culturais da vida real, realçando a liberdade de agir de outra maneira dentro do jogo. Quanto ao comportamento, não se limitam a contextos da vida real, podendo agir livremente e até ser outra pessoa dentro do jogo. Além de papéis de entretenimento, ao jogar, admiradores ou consumidores de jogos continuam absorvendo, resumindo e divulgando o conhecimento que adquirem jogando, e isso se espalha, produzindo uma cultura cada vez mais influente (Silva, 2016).

O *Fortnite Battle Royale* alcançou grande sucesso, atraindo mais de 125 milhões de jogadores em menos de um ano, e obtendo uma receita mensal de centenas de milhões de dólares. Esse jogo é um verdadeiro fenômeno cultural e suas maiores vantagens estão listadas a seguir:

- É gratuito.
- É possível ganhar dinheiro com microtransações (troca e venda de artefatos, *skins* e outros materiais) dentro do jogo, assim como com outros projetos e promoções que ocorrem nas batalhas. Trabalhar e ganhar dinheiro com as microtransações é possível, pois entre os jogadores pode-se negociar as *skins* e outros "cosméticos", de acordo com o andamento do *game*, o que dá a possibilidade de tudo isso ser convertido em moeda (V-Bucks, que tem valor de dinheiro real) e isso permite a compra não só de artefatos, mas de *skins* e planadores para acelerar a busca por itens raros no Battle Pass.

Em *Overwatch*, itens e *skins* podem ser obtidos aleatoriamente em caixas de saque, e versões especiais podem ser usadas em certos eventos. No MOBA, a *skin* desgasta *pixels* na tela e, enquanto joga, você não consegue observar esse fenômeno. Em *Fortnite*, *skins* representam poder dentro de um jogo gratuito. Elas mostram aos outros jogadores no campo de batalha que você tem dinheiro e, assim, o jogador tem como barganhar a *skin* mais cobiçada dentro daquele ambiente. *Skins* dão poder e interatividade ao jogador e ao personagem escolhido, ou seja, no *game*, é possível fazer o que não se faz normalmente na vida real.

Em contrapartida, quando se adquire uma *skin* poderosa, a força de todos os outros jogadores fica reduzida. Há também *skins* secretas, que podem ser desbloqueadas dentro do jogo, mas, para que isso aconteça, é preciso atravessar todos os desafios propostos. E este é o grande desafio: chegar às *skins* mais poderosas.

Mediante o exposto, a seguir mostraremos a categorização de algumas *skins* do *Fornite* disponíveis gratuitamente. Para alcançar essas *skins,* é preciso trabalhar de acordo com a lógica de rotação dos personagens e das próprias *skins* (a loja é atualizada diariamente, nem sempre todas as *skins* estão disponíveis), que podem ser adquiridas por meio de V-Bucks (que são moedas dentro do jogo, como já mencionado) e dentro da dinâmica do jogo (mesmo que o ritmo para as alcançar seja lento). Também é possível pular essas etapas gratuitas e usar o bom e velho dinheiro real (sim, é possível comprar as *skins* com moeda real, usando cartão de crédito). No *Fortnite*, é possível adquirir formas diferentes de *skins* a cada temporada.

Por ser um jogo gratuito, é possível atravessá-lo apenas com V-Bucks. Para comprar a primeira *skin*, você precisa apenas de 950 V-Bucks. Se você quiser pagar pela *skin*, ela vale 10 euros, que são basicamente 65 reais (deve-se consultar a cotação do dia para um valor exato). Se o jogador quiser usar a versão *premium,* o custo é de 2.800 V-Bucks, que equivalem a aproximadamente 40 euros. A vantagem dessa versão é que, quando se entra no jogo, automaticamente se fica classificado na 25ª posição do *ranking.*

O fato é que até essas transações financeiras trazem ao mundo de fantasia a realidade de que tudo tem um preço. Isso cria uma interação entre jogadores, que formam equipes (cada um com seu personagem) para ganhar e negociar artefatos. A seguir, vamos conferir as *skins* entendidas como a base do jogo, pois a cada temporada a loja as substitui.

6.3.1 **Skin Beef Boss**

Beef Boss é o nome mais estranho para vestir um personagem, mas funciona bem no jogo. Essa *skin* é uma variante da pele Tomatohead, que contém um dos animais de estimação mais famosos do mapa *Fortnite*. Ele é o responsável pelo Durr Burger (a *skin* tem como base esse lanche), e a cabeça do personagem vira um grande lanche e dá ao jogador a chance de achar um telefone para pedir comida em uma batalha de restaurantes, por exemplo.

Seu design é único e, apesar de parecer fora de esquadro, a cabeça do personagem é uma *skin* presente na maioria das versões do jogo.

6.3.2 **Skin Tomatohead**

Relacionar um tomate a uma pessoa é no mínimo estranho de se imaginar, assim como acontece com a cabeça de hambúrguer (Beef Boss). A *skin* Tomatohead é simpática, mas assustadora e faz parte do reino "Tomato Town", que é uma das terras no mapa *Fortnite*, que, como em um *shopping*, tem uma praça de alimentação. A *skin* carrega características de simpatia tão próximas de um ser humano comum que podem deixar o jogador até perplexo com a semelhança e as ações. Tomato, no campo de batalha de *Fortnite*, é diferente e interessante; seu rosto sorridente é um disfarce, pois é uma *skin* que representa perigo.

6.3.3 Skin Blackheart

O personagem da *skin* Blackheart (o menino pirata) tem muito em comum com a introdução de Aragorn, o príncipe humano de *O Senhor dos Anéis*. No entanto, no decorrer do jogo, a pele de Blackheart se desmancha e evolui. Na verdade, ele tem 11 etapas de evolução e, com 80 mil pontos de experiência, Blackheart torna-se melhor e mais furioso.

Vale a pena ver a estrutura do rosto, que se dissolve e se transforma em uma caveira com barba. É importante ressaltar que esse efeito no personagem foi uma criação que aconteceu com base em uma dica de um fã do jogo. A maioria das evoluções que ocorrem em personagens é pensada com base em solicitações e comentários de jogadores, sendo uma excelente oportunidade de o designer desenvolver itens que mantenham o interesse do usuário pela aplicação.

A evolução dos personagens também é associada à mudança de cor da roupa, da pele e dos artefatos usados e se aplica até às *skins* mais básicas, que podem ser desbloqueadas ao completar os desafios propostos no meio do jogo. No caso do Blackheart, o último nível de evolução da *skin* é quando o coração negro do crânio começa a brilhar.

6.3.4 Skin 8-ball

Essa *skin* lança o olhar de um personagem neutro e um herói ao mesmo tempo. Durante o jogo, existem reflexos positivos e negativos. A versão preta da *skin* não tem função diferente alguma e age de maneira simples, com desafios de jogo de bilhar. A versão branca leva o jogador à mudança de fase e a ganhos de outros prêmios. Por essas características de dubiedade, é uma das melhores *skins* do jogo e fica disponível apenas do meio para o final.

6.3.5 *Skin* Skull Trooper

É uma das melhores *skins* do jogo, aparecendo em uma atualização do Dia das Bruxas, e com itens valiosos e raros dentro de uma partida. Com uma roupa de ossos e uma touca de caveira, o personagem passa uma imagem muito simplista e pertence ao esquadrão Caveira.

Essa *skin* trata de justiceiros, então, quando estão disponíveis no jogo, não apresentam falhas de lealdade (que é uma característica humana); portanto, no jogo, é um oponente de destaque, que representa força e perigo.

6.3.6 *Skin* Wukong

Se o jogador quiser o poder de cegar seu oponente no campo de batalha e definir o jogo, então Wukong é uma das melhores *skins* que se pode ter, apesar de seu talento. É uma *skin* rara, e vale muito no jogo, sendo conquistada apenas ao final dele ou em uma celebração festiva do Ano Novo Lunar, em que os melhores se destacam no campo de batalha.

6.3.7 *Skin* **Fable**

A fábula representada é a da Chapeuzinho Vermelho, pois a *skin* tem longas tranças vermelhas e capuz e vaga pela floresta em busca de amoras. Essa é uma *skin* simples, mas bonita; é padrão e pode ser conquistada no início do jogo, sua evolução é restrita à troca de roupas.

6.3.8 *Skin* **Bunny Brawler**

Essa *skin* relaciona várias personalidades, oscila entre simpatia e fofura. Entre as duas *skins* relacionadas à Páscoa (coelho e invasor do coelho), a primeira é mais interessante. Esse traje envolve o jogador de uma forma mais amorosa, como um pijama de jardim de infância. Bunny Brawler é um exemplo de uma *skin* que chama atenção pela beleza, mas não tem relevância dentro de sua estratégia, as orelhas não servem para nada, o artefato da picareta é mais relevante que a própria *skin*.

6.3.9 *Skin* **Power Chord**

Essa *skin* é rara e sua uma forma é de uma *punk* que toca uma guitarra muito similar a Guitar Hero. Embora seja uma *skin* lendária (daquelas que todos cobiçam), isso não é suficiente do ponto de vista estético do personagem, pois uma *skin* bonita não pode ser encontrada facilmente. Além da cobiça pela *skin*, ela não tem utilidade, é como se no fim do horizonte houvesse uma mulher de cabelo rosa.

6.3.10 *Skin* **Funk OPS**

É uma *skin* com base em um protótipo feito em 1970, e é uma das melhores *skins* produzidas por *Battle Royale*. Ele tem coletes requintados, bandanas e óculos matadores. Embora um pouco exagerado, é uma homenagem aos anos da discoteca.

6.3.11 *Skin* **de Rippley e Sludge**

Fortnite Capítulo 2 traz muitos *looks* novos, mas nenhum deles é tão fofo quanto Rippley, e nada remete ao mundo da fantasia de maneira tão lúdica quanto essa *skin*, que tem o conceito de múltiplas personalidades dentro de um personagem só. Quando se olha seu rosto, logo se vê a simpatia de um sorriso estampado, já ao pensarmos do que é feito e se é deste mundo, faz-se uma grande alusão a fantasmas. Vale a pena desbloquear as versões em azul e vermelho. É uma *skin* importante no jogo e atua em diversas frentes, ora como mocinho, ora como bandido.

6.3.12 *Skin* **Omega**

Na versão *Fortnite Battle Pass*, a *skin* de Omega é a mais cobiçada. O jogador não consegue acessar essa *skin* até chegar ao nível cem do jogo, o que para a maioria demorará muito (a menos que se pague). Com sua temática voltada ao super-herói dessa temporada, a *skin* Omega cobre todo o corpo, e a distorção do herói se encontra na cor da roupa, que é completamente preta.

6.3.13 Skin Love Ranger

Essa *skin* exige que os jogadores ajam como o Cupido, mas este é feito de pedra. Em razão de seu tamanho e das enormes asas que tem nas costas, é uma *skin* única e muito rara dentro do jogo. Além disso, ela forma muitos aliados.

É uma *skin* criada para o dia dos namorados e a procura por ela é bem baixa, ou seja, não é um objeto de desejo dos jogadores.

6.3.14 Skin Peely

Essa *skin*, embora bem estilosa, tem olhos vazios, dando uma impressão de personagem sem alma. Peely é uma banana falante, com o corpo de um homem em um terno de banana, mas, ainda assim, o estereótipo da banana se sobressai ao personagem.

6.3.15 Skin Flytrap

Essa *skin* é um humanoide, mistura de homem e planta carnívora. Seu rosto é humano e no jogo ela atua como um personagem "em cima do muro", que só ataca quando recebe um golpe e, se não for atacada, não revida. No jogo, tem um papel fundamental em fugas. Ela abre portais pelos quais é possível passar para outras fases ou cenários. Trata-se de uma *skin* perigosa e especial, que só é ativa em eventos do jogo.

6.3.16 *Skin* **Valor**

É uma das sete *skins* da quarta temporada. Trata de características masculinas em mulheres que têm superpoderes, andam de terno, são agressivas, mas é um arquétipo que, apesar de todas essas características masculinas, mantêm a maternidade em foco, pois ela aparece no jogo como se quisesse salvar muitas crianças em vez de atirar e matar estranhos nas ilhas atingidas por meteoritos.

6.3.17 *Skin* **Raven**

Uma das *skins* mais novas do jogo; é forte, misteriosa e lendária. Ela raramente aparece, surge apenas em eventos especiais. Ao contrário de Edgar Allan Poe (que deu nova vida ao mistério dentro da literatura), Raven é um personagem sombrio, porém sonhador, sensível e enérgico quando necessário. Raven é uma figura que, dentro do jogo, não faz diferença alguma, porque não tem um papel ativo, não precisa competir com ninguém, mas nos eventos costuma ser sinônimo de algum prêmio.

6.3.18 *Skin* **Crackshot**

Inspirado no *ballet O Quebra nozes*, o Crackshot não é uma *skin* comum, é de estratégia durante o jogo, pois tem uma casca que pode mudar de figura. Do ponto de vista artístico, é uma das *skins* mais elaboradas, simulando um humano dentro de um boneco de madeira. O cenário no qual atua é um ambiente de inverno, que lembra o Natal.

6.3.19 *Skin* The Reaper

Esse Reaper não é uma homenagem aos muitos outros jogos, como *Overwatch* ou *Reaper*, que também contêm dezenas de personagens com esse nome. Em particular, esse Reaper é mais tendencioso, homenageia o personagem John Wick, da série de filmes de ação e interpretado pelo ator Keanu Reeves. Esse filme alcançou um verdadeiro sucesso, pois esse homem nem mesmo deixa que as armas pesadas o atrasem.

Fechamos, então, a interação entre as *skins* e os jogadores com essa homenagem a Keanu Reeves, o homem que transformou *Matrix* em parte do imaginário coletivo, e que agora faz com que Reaper seja o personagem que fez de *Fortnite* o jogo mais rentável dessa geração.

6.4 Personagens e bens de consumo nos jogos

Segundo Denegri-Knott e Molesworth (2009), dentro do universo psicológico dos jogadores, os artefatos de um jogo têm tanta importância quanto os bens físicos. Em alguns casos, eles tratam bem o ego das pessoas que assumem dentro de um jogo, uma posição que elas não têm na vida real. Os bens virtuais falam muito de nossas frustrações, do passado e do presente, de nossa situação financeira e de tudo que queremos para nossa vida. No entanto, a definição desses bens virtuais pode ser ampla. Pode incluir uma variedade de produtos comprados em transações dentro de um jogo virtual (uma *skin* está inserida nesse roteiro).

Isso se refere às compras de objetos tangíveis e intangíveis que fazemos na internet. Comprar músicas no Spotify, por exemplo, tem o mesmo efeito de comprar artefatos em jogos e tem um alto valor emocional ou, às vezes, o valor é maior que a compra de um bem tangível, como uma geladeira ou um fogão que pode ser trocado. A simbologia se encontra no lado emocional da história. O problema é que certos bens virtuais não são importantes, são compostos de *pixels* e têm valores de capital relacionados às suas compras.

De acordo com Lehdonvirta (2005), o termo *bem virtual* é usado para se referir a ativos virtuais que são produzidos em massa e vendidos como bens de consumo regulares. Logo, essa definição enfatiza o uso de moeda real para compra e consumo de personagens e moeda virtual que são enxergados pelo jogador como bens intangíveis e de apelo emocional. É um modelo de mercadoria que só existe em um espaço virtual simulado, e os usuários investem dinheiro real em objetos não reais, que remetem a tempos felizes, à emoção e ao passado e proporcionam uma sensação de bem-estar ao usuário de *games*.

De acordo com Macedo (2017), as *skins* são adereços projetados para mudar e diferenciar a experiência do personagem do jogador. Uma vez que cada jogo tem suas próprias características, seja pela jogabilidade, seja pelo comportamento do jogador, seja pelas diferentes maneiras de identificar transações de *commodities*, é difícil pensar em definições precisas e duradouras. Para entender a circulação dos tipos de mercadoria virtual em cada jogo digital, é necessário entender como o sujeito se adapta a esses jogos e gera tipos de valor relacionados ao jogador atual.

Trata-se de bens virtuais consumidos pelos jogadores, pois, mesmo que as habilidades do personagem virtual (como potência, destreza ou velocidade) não mudem, quando aplicamos a pele no personagem ou em sua imagem, o visual sempre mudará. Além disso, ao investir tempo, dinheiro e cuidar de ativos virtuais, os personagens acabam se tornando uma extensão da pessoa no jogo digital, criando um sentimento entre a pele e o indivíduo.

Avatares em jogos digitais são a personificação em tela do jogador. Eles são os representantes dos humanos no mundo dos jogos, a manifestação em *pixels* dos anseios, das emoções e da liberação de energia dispendida em uma partida. Nem sempre foi possível escolher um avatar em um jogo. Jogos antigos forneciam apenas avatares com personalidade fechada e funções fixas para os jogadores usarem. Com o aprimoramento dos jogos, a possibilidade de escolher um avatar foi surgindo e trabalhando, principalmente, com o conceito de jogos *multiplayer*, ou seja, a possibilidade de vários jogadores participarem de um mesmo jogo.

Em alguns jogos da série *Super Mario*, dos anos 1980, por exemplo, há a possibilidade de escolher entre os personagens Mario e Luigi.

Outro elemento que chama a atenção no uso de avatares é a subjetividade cambiante para a escolha de um tipo de agente do jogo, aproximando, assim, a relação do jogador com a narrativa virtual. Nesse caso, o melhor exemplo é o surgimento de *Street Fighter 2*. Trabalhar com apenas dois personagens no jogo demonstra que suas informações pessoais serão sempre as mesmas. No modo *multiplayer*, dois jogadores podem escolher trabalhar juntos.

Pensar em avatar é imaginar uma imagem gráfica que é controlada pelo jogador e que interage com um *software* que vai representar seu personagem dentro da história. Mas o avatar corresponde a muito mais que um simples gráfico sistematizado que vai representar o jogador durante o jogo: trata-se de uma nova subjetividade, representando nossas intenções e ações no meio ambiente. Em sagas como *World of Warcraft* e *Final Fantasy XIV*, é possível escolher vários avatares e uma série de atributos para jogar. É possível também imprimir sentimentos e ações durante o jogo.

Podem ser adicionados a essas entidades virtuais os desejos do jogador, expressados por artefatos, *skins*, poderes, reservas financeiras (virtuais ou reais), cores, roupas e personalidade. Quando relacionadas a essas novas ferramentas, observa-se um maior nível de satisfação dos jogadores e sua interação com o jogo. Por exemplo, podemos citar o jogo MMORPG – RPG, *multiplayer on-line*, que oferece suporte em duas formas de customização: simples e especial. Esse tipo de caracterização pode ou não interferir nas habilidades do avatar.

Acreditamos, naturalmente, que o próprio jogo deve conduzir o jogador à melhoria de sua *performance*. Pense que se você tem um avatar e seu trabalho é torná-lo melhor, mais forte e mais rico de muitas maneiras possíveis, de modo a ganhar mais experiência, mais habilidades, armadura mais forte e mais poder, o jogo pela sua dinâmica e pela coleta de dados poderia fazer isso automaticamente, mas que graça teria?

A evolução dos personagens que crescem no jogo desperta o interesse dos iteratores em melhorar o enredo e aplicar essa evolução nos avatares. Por meio do desafio, o personagem pode ganhar experiência e pontos de desenvolvimento do avatar e, finalmente, diferentes caminhos de melhoria e crescimento aparecem ao longo da história.

Treinamento significa melhoria para os avatares, mas também significa crescimento. Alguns jogos proporcionam um método aprimorado por meio da prática, ou seja, se você quer se tornar o melhor jogador e ganhar todos os jogos, a melhor maneira de conseguir isso é treinar, melhorar seu avatar e sua jogabilidade.

Como já mencionamos, os jogadores interagem no jogo por meio de avatares, e ele pode usar essa representação para se identificar no jogo. É essa imagem corporativa que leva à valorização da experiência e à participação emocional dos interatores. Para cooperar com nossa ideia de usar avatares como ferramentas sociais, usaremos o MMORPG, que é o produto de milhares de usuários imergindo voluntariamente na internet.

São jogos muito parecidos com RPG, com uma história rica e um mundo aberto que deixa os jogadores livres para interagir com outros jogadores por meio de avatares. Nesse ambiente, os jogadores utilizam os personagens para desenvolver seus próprios jogos, os quais têm como base diferentes formas de interação, como cooperação e competição entre eles. Segundo Azevedo (2009), cada personagem tem um certo grau de construção de avatar.

Mundos desconhecidos projetados por programadores, diferentes ambientes e desafios permitem aos jogadores vivenciarem essas experiências com outros jogadores. O MMORPG não tem um final definido e a continuidade da narrativa pode apoiar o objetivo do jogo. Nessa situação, o avatar realiza tarefas virtuais por meio de comandos de programação, realiza tarefas, negocia objetos e luta.

6.5 Construção de avatares com base na narrativa

Além dos limites do corpo humano, temos também de nos preocupar com os limites que os avatares podem atingir. Como representam indivíduos que vivenciam novas experiências no mundo virtual, algumas pessoas podem prejudicar tanto o corpo quanto a mente, chegando à instabilidade e ao desequilíbrio entre o real e o irreal. Santaella (2003) explorou a interação entre o corpo e suas respectivas representações virtuais e definiu que essa interação acontece durante o jogo e é possível notar as modificações que isso acarreta.

A personalização de papéis em jogos digitais pode dar aos jogadores uma compreensão mais profunda da história e da trama do jogo. Ao criar suas próprias identidades, os jogadores estabelecem uma conexão mais forte com a versão virtual e, assim, ficam mais obcecados em explorar e se conectar com outros personagens do que usar personagens predefinidos.

Além disso, a personalização do personagem também é um tipo de interação entre os jogadores e seus respectivos avatares, levando à criação de inovação independente, à evolução de personagens e a melhorias no jogo que os designers geralmente não podem prever. A qualidade da narrativa também é importante para manter o interesse do jogador.

Ao analisar as narrativas de jogos de sucesso, é possível identificar que elas contêm elementos que impactam diretamente na construção dos personagens, os quais tem de atingir os anseios do jogador de maneira satisfatória (Schell, 2010). É preciso enfatizar que a narração é uma habilidade de comunicação humana que existia antes mesmo do jogo como o conhecemos, e é mandatório que ela esteja alinhada com a construção dos avatares.

De acordo com Dubiela (2008), os elementos narrativos que garantem a qualidade geral da narrativa são uma introdução influente, um desenvolvimento final desafiador e uma experiência positiva no jogo. Para existir impacto na construção dos avatares, é necessário que temas narrativos sejam apresentados de maneira que o cenário, a narrativa e o contexto estejam atuando harmoniosamente. Os jogadores criam conteúdo de desenvolvimento de acordo com as possibilidades predefinidas pelo desenvolvedor do jogo. É nesse ponto que o jogo em si começa, e o desafio narrativo será levantado e levado ao clímax da narrativa.

Se o trabalho for coerente, o jogo e os personagens atuam de maneira corrente, e chegamos ao fim, que não necessariamente é o mesmo para todos os jogadores. Dependendo das decisões que o jogador toma durante o jogo, pode haver vários resultados. A existência de elementos narrativos básicos não garante o interesse dos jogadores, pois a maioria dos elementos narrativos busca liberdade de escolha no jogo. Portanto, as narrativas usam métodos de controle indireto, o que cria uma sensação de liberdade narrativa, mas, na maioria dos casos, a liberdade é limitada por narrativas predefinidas.

Fornecer aos jogadores essa "liberdade" por meio da personalização do personagem é papel indispensável da narrativa, e o jogador pode usá-lo para reconhecer, compreender e abordar narrativas ficcionais. Quanto mais familiarizado e apoiado o jogador estiver na narrativa, maior será seu interesse pelo jogo. A personalização do personagem pode melhorar essas conexões para que o jogador possa criar um personagem que atenda a seus requisitos.

Conforme Severo (2010), a confecção de um personagem afeta diretamente a jogabilidade e a imagem do jogador no ambiente virtual, e isso é a identidade direta do jogador no jogo. Ferramentas de personalização de avatares podem ser vistas como um laboratório de experiências para o estabelecimento de uma identidade virtual. Um estudo foi feito para verificar como e por que os jogadores criam avatares, se eles estão satisfeitos com a possibilidade de customização e de analisar a disponibilidade de ferramentas de customização de personagens (Ducheneaut et al., 2009). A pesquisa foi realizada por meio de questionário disponibilizado a 180 jogadores de *Maple Story*, *World of Warcraft* e *Second Life*. Como resultado, o primeiro ponto que chama atenção é que a representação de avatares pode ser utilizada como projeção de identidade em um ambiente virtual ou como forma estratégica de interação na narração de jogos. Em *Maple Leaf Story* e *World of Warcraft*, cada jogador pode criar vários avatares, que podem ter várias identidades para diferentes propósitos narrativos. Em *Second Life*, cada jogador tem um avatar em um ambiente mais parecido com a realidade do jogador.

Os resultados de Ducheneaut et al. (2009) estão ligados às ferramentas de personalização de avatares, indicando que os usuários tendem a se concentrar nas funções mais comuns deles. Isso nos mostra que o sistema de personalização de avatar virtual precisa proporcionar aos usuários grande liberdade criativa, mas isso só pode ser feito em uma área específica, ou seja, algumas partes do corpo humano virtual serão mais fáceis de serem vistas por outras pessoas, ou seja, o jogador em primeiro lugar se preocupa com o que é visto.

O estudo também relata que os avatares costumam ser diferentes dos corpos reais dos jogadores, pois exprimem o que se quer ser e não o que se é. A tendência é criar versões mais finas, mais jovens e mais modernas por conta própria. Eles discutiram as semelhanças entre os jogadores e seus respectivos avatares e descobriram que afeta o desempenho nos desafios do jogo.

Em um outro estudo, que avaliou 675 jogadores de MMORPG, o fato mais relevante foi que quando os jogadores criam personagens de uma forma que se aproxima mais da sua aparência real, eles se sentem mais conectados com seus avatares, o que possibilita melhores *performances* no jogo. Conforme Jang, Kim e Ryu (2010), há uma explicação para isso, que ressalta que o jogador tem uma ligação emocional com o avatar que criou.

Essas duas pesquisas sobre personalização de personagens vão além da relação entre jogadores e personagens virtuais. Teng (2010) propôs que os mecanismos de personalização das funções do personagem podem melhorar a satisfação, a imersão e a lealdade do jogador. A lealdade e o interesse pelo jogo e o apego ao personagem fazem o jogador se sentir dentro do jogo, e isso é importante no mercado de jogos *on-line*. Foram avaliados 865 jogadores de jogos *on-line* que responderam ao questionário de informações sobre avatares, e os resultados confirmam as duas pesquisas que tratamos anteriormente.

Nessa pesquisa, resultados confirmaram que avatares personalizados podem direta e indiretamente aumentar a fidelidade do jogador, além de aumentar a satisfação e a imersão dele. O que se pode depreender desses três estudos é que, quanto mais liberdade é dada ao jogador para tratar seu avatar, mais fiel ele se mantém ao jogo, e esse jogo se mantém no mercado por mais tempo

Videogames, *tablets* e celulares mais recentes já oferecem aos jogadores mais liberdade para explorar o complexo mundo digital. Logo, a competição torna-se cada vez mais desafiadora para criar personagens gráficos mais reais, usando inteligência artificial e redes neurais, que tem como base os humanos para fazerem os personagens se moverem naturalmente e interagirem com tudo ao seu redor. As animações e os jogos têm mais estilo, mais realidade e mais beleza, pois têm como base as formas e as maneiras humanas.

Os desenvolvedores hoje têm de levantar todas as possibilidades de trazer realidade aos jogos, mas, no final, eles devem confiar em redes neurais, inteligência artificial e *softwares* para produzir animações de personagens o mais reais possíveis. O Perceptron é uma das primeiras iniciativas para construir um modelo de rede neural, como base para o desenvolvimento de algoritmos mais poderosos. É um neurônio artificial proposto por Frank Rosenblatt, inspirado no modelo Psychon de McCulloch e Pitts (Haykin, 1999).

Ações simples, como caminhar até uma cadeira e se sentar, ou então ficar em pé, entre outras, levam meses para acontecer da maneira correta. Para se chegar a um resultado satisfatório, é preciso refinar o resultado várias vezes para produzir a melhor experiência possível para pessoa que está jogando. O uso do poder das redes neurais de aprendizado profundo ajuda a eliminar efeitos indesejáveis de animação, melhoram o processo de criação e até remasterizam jogos antigos que tem uma melhor *performance* hoje. Nos jogos, notamos de maneira bem clara o sistema de redes neurais em sistemas de detecção antitrapaça.

Entre as trapaças comuns praticadas em jogos, a mais utilizada é a de velocidade. A chave para essa tecnologia deixa os jogadores chegarem a determinado ponto no jogo mais rápido para obter recompensas ou eliminar oponentes com mais facilidade. De acordo com Consalvo (2006), esse tipo de trapaça ocorre em jogos do mundo inteiro. E tudo isso com base em padrões coletados nos diversos jogos.

As redes neurais trabalham como a Deepfake, que, para criar um vídeo convincente, primeiro estuda o rosto de determinada pessoa (geralmente uma celebridade) de todos os ângulos possíveis e usa todos os *emoticons* para os quais o banco processa todo o material de rede neural e leva à produção de personagens. Hoje os personagens e os avatares são feitos em rede neural, e os resultados são os melhores possíveis, sempre o mais próximo da realidade, como já vimos em estudos anteriores.

Para criação de personagens, especificamente, o processo é demorado, e é possível realizar alterações faciais mais realistas com base em comportamentos reais. Embora para um resultado satisfatório seja preciso avaliar um rosto muitas vezes para obter os melhores resultados, o sistema requer um banco de dados de movimento muito grande para análise, e é necessário criar todos os ângulos de movimento para produzir algo realmente bom.

Essa mudança de paradigma de criação não precisa incluir todas as possibilidades, porque a rede neural pode usar o conhecimento que aprendeu e adaptá-lo a quase qualquer situação ou ambiente. Portanto, é factível produzir resultados e ações, com aparência natural, utilizando a rede neural. Isso preenche a distância entre caminhar até a cadeira, desacelerar, girar e pousar, ao mesmo tempo conecta de forma inteligente todas essas ações e animações para esconder as costuras.

Existem outras vantagens em conduzir a criação dos jogos e adaptar os personagens, por exemplo, como devem se mover e interagir com as coisas, em vez de pré-animar essas ações. O que faz toda a diferença em num processo desses é que a inteligência artificial e a rede neural guardam tudo que foi feito, e isso pode ser reutilizado em vários processos de criação de outros personagens de jogos e até de filmes de animação.

Um grande coletor de informações de redes neurais que utiliza os dados para produzir personagens o tempo todo é o *Minecraft*, um dos maiores fenômenos da história dos jogos. Seus avatares são todos conduzidos por redes neurais. Embora tenha sido lançado há dez anos, ainda recebe atualizações de conteúdo. Desse jogo já saiu um filme, camisetas, vídeos, bonecos, campeonatos e milhares de avatares graças a um criador abrangente de personagens disponibilizado no jogo.

Mas nem tudo no *Minecraft* é esteticamente agradável e funcional. Para fornecer um exemplo prático: se você adicionar uma mochila a seu personagem, ela se tornará um propulsor usado de forma eficaz no jogo. Tudo que é feito dentro do jogo vai para um banco e é aplicado a atualizações posteriores. As mudanças são feitas depois que os jogadores começam a fazer suas próprias roupas e rostos de personagens para modificar no jogo. A Microsoft também pode ter visto uma oportunidade de ganhar dinheiro aqui, porque é necessário comprar itens.

Pesquisadores da empresa sul-coreana de edição de videogames NCSoft (Aion: Aion, Bloodline, Guild Wars, City of Heroes) criaram uma tecnologia de inteligência artificial chamada *AI-Anime Converter*. A ideia principal é colocar a realidade em jogos e transformar humanos em personagens de desenhos animados e de *games*.

As técnicas utilizadas por esse programa para alterar as características das pessoas são chamadas de *redes gênicas especialistas* (GANs), que incluem absorção e aprendizagem de informações sobre rostos e imagens animadas, por exemplo, e são utilizadas para formular e combinar essas características.

O aplicativo AI Anime Converter foi especialmente desenvolvido por June Kim, Kim Minjae, Hyeonwoo Kang e Kwanghee Lee da NCSoft. O código é livre e o projeto está publicado no Github (uma plataforma de hospedagem de código-fonte que usa Git para controle de versão), permitindo a programadores, utilitários ou quaisquer usuários registrados na plataforma que contribuam com projetos privados em todo o mundo. Os resultados da pesquisa foram publicados na internet para que todos possam acompanhar o raciocínio e contribuir para que a ferramenta melhore a cada dia.

O CAM (a ferramenta que captura as imagens) utiliza diferentes pontos de interesse para classificar os elementos mais importantes. Em seguida, analisa a imagem e a divide em várias camadas. Por exemplo, se você usar uma rede neural treinada pelo CAM para visualizar imagens de cães e gatos, descobrirá que as características da pele são muito semelhantes às usadas para classificação.

De acordo com um artigo publicado pela equipe da NCSoft, Kim, Kim, Kang e Lee (2019) (que descreve todo o trabalho feito até hoje pela ferramenta), a empresa integrou esses mapas de atenção em seu modelo para que a rede adversária geradora pudesse se concentrar em áreas importantes da imagem e ignorar áreas menos relevantes. No relatório de mídia produzido em 2019, adicionou-se ao algoritmo de normalização avançado um código que se chama *Adaptive Layer Instance Normalization* (AdaLIN), que é sinônimo de um método confiável, o qual pode criar personagens de anime envolventes. Sem perder a humanidade, o aplicativo traz aos personagens criados uma versão cativante. Porém, mesmo com todo o avanço tecnológico, mesmo com a maior aproximação da fantasia com a realidade, o fator humano ainda é a grande variável que produz a evolução dos personagens e dos jogos.

considerações finais

Criar personagens não é uma tarefa fácil, pois são muitas as variáveis e os processos envolvidos. Pensando nisso, buscamos, nesta obra, introduzir e sistematizar alguns desses conhecimentos.

Desse modo, no Capítulo 1, conhecemos alguns aspectos referentes ao desenvolvimento psicológico de personagens e tratamos de questões relativas à narrativa.

No Capítulo 2, constatamos que a arte da animação revolucionou o mundo com as imagens digitais em movimento e que seu uso se difundiu para várias esferas do entretenimento. Atualmente, é possível usar o mesmo equipamento para gerar imagens para jogos, cinemas, TV, internet, telefones celulares, painéis eletrônicos e quaisquer outras imagens que possam copiá-los.

Já no Capítulo 3, estudamos aspectos práticos e visuais da criação de personagens, bem como conferimos alguns *softwares* para realizar essa tarefa.

No Capítulo 4, percebemos que não basta entender de arte, é necessário compreender polígonos e programas que nos ajudem a criar personagens e materializar nossa ideia.

No Capítulo 5, vimos como o mundo mudou e como os personagens evoluíram, baseando-nos no Mario.

Por fim, no Capítulo 6, discutimos um pouco sobre a *concept art* e como a evolução do personagem hoje passa pelo crivo dos jogadores por meio das *skins*.

As redes neurais e a inteligência artificial têm contribuído muito com a transição da realidade para fantasia, baseando-se em modelos reais, e criando verdadeiras obras-primas.

Portanto, concluímos que, por mais que o mundo e a tecnologia evoluam, todos os envolvidos em criação de personagens deixam sua marca em suas criações.

Referências

ADAMS, E. **Fundamentals of Game Design**. Berkeley: New Riders, 2010.

AMOROSO, D. A história dos videogames: do osciloscópio aos gráficos 3D. **Tecmundo**, 16 dez. 2009. Disponível em: <https://www.tecmundo.com.br/xbox-360/3236-a-historia-dos-video-games-do-osciloscopio-aos-graficos-3d.htm>. Acesso em: 12 nov. 2021.

AZEVEDO, T. Mundos virtuais dos MMOGs como disseminadores de cultura. In: SANTAELLA, L.; FEITOZA, M. (Orgs.). **Mapa do jogo**: a diversidade cultural dos games. São Paulo: Cengage Learning, 2009. p. 211-220.

BLAIR, P. **Cartoon animation**. Mission Viejo: Walter Foster Publishing, 1995.

BOBANY, A. **Videogame arte**. Teresópolis: Novas Ideias, 2008.

BRANCO, M. **Jogos digitais**: teoria e conceitos para uma mídia indisciplinada. 171 f. Tese (Doutorado em Ciências da Comunicação) – Universidade do Vale dos Sinos, São Leopoldo, 2011. Disponível em: <http://biblioteca.asav.org.br/vinculos/tede/MarsalAvilaAlvesBranco.pdf>. Acesso em: 12 nov. 2021.

CAMPBELL, C. A orientalização do Ocidente: reflexões sobre uma nova teodicéia para um novo milênio. **Religião e Sociedade**, Rio de Janeiro, v. 18, n. 1, p. 5-22, 1997.

CAPELLER, I. Raios e trovões: hiper-realismo e sound design no cinema contemporâneo. In: **Mostra e curso 'O som no cinema'**. Rio de Janeiro: Tela Brasilis/Caixa Cultural, 2008. p. 65-70. (Catálogo). Disponível em: <https://www.caixacultural.com.br/cadastrodownloads1/Catalogo_Sonoridades_RJ.PDF.pdf>. Acesso em: 16 set. 2021.

CONSALVO, M. **Gaining Advantage**: How Videogame Players Define and Negotiate Cheating. Ohio: Ohio University, 2006.

COSTA, B. O hiper-realismo sensorial de 300. **E-compós**, Brasília, v. 13, n. 1, jan./abr. 2010. Disponível em: <https://www.e-compos.org.br/e-compos/article/view/425>. Acesso em: 12 nov. 2021.

CUNHA, L. S. **SCORE**: Uma proposta para projeto e implantação do comportamento de agentes cognitivos a jogos computadorizados interativos. Dissertação (Mestrado em Ciência da Computação) – Pontifícia Universidade Católica do Rio Grande do Sul, Porto Alegre, 2002.

DENEGRI-KNOTT, J.; MOLESWORTH, M. I'll Sell This and I'll Buy Them That: Ebay and the Management of Possessions as Stock. **Journal of Consumer Behaviour**, v. 8, n. 6, p. 305–315, 2009.

DILLE, F.; PLATTEN, J. Z. **The Ultimate Guide to Video Game Writing and Design**. New York: Random House, 2007.

DIRECTIA. Disponível em: <https://docs.microsoft.com/pt-br/windows/ai/>. Acesso em: 12 nov. 2021.

DUBIELA, R. P. **A utilização de narrativas embutidas no auxílio da narrativa da história nos jogos eletrônicos informatizados**. 156 f. Dissertação (Mestrado em Design) – Universidade Federal do Paraná, Curitiba, 2008. Disponível em: <http://dspace.c3sl.ufpr.br/dspace/bitstream/1884/17652/1/ Disserta%C3%A7%C3%A3o%20 Rafael%20Dubiela.pdf>. Acesso em: 3 nov. 2021.

DUCHENEAUT, N., et al. Body and Mind: A Study of Avatar Personalization in Three Virtual Worlds. In: CONFERENCE ON HUMAN FACTORS IN COMPUTING SYSTEMS, 9., 2009, Boston. **Anais**... New York: ACM Press, 2009. p. 1151–1160. Disponível em: <https://dl.acm.org/doi/10.1145/1518701.1518877>. Acesso em: 12 nov. 2021

EBERLY, D. H. **3D Game Engine Design**: A Practical Approach to Real-Time Computer Graphics. Boca Raton: CRC Press, 2000.

FERNÁNDEZ-VARA, C. Defining Characters in Games. **Singapore-MIT GAMBIT Game Lab**, 14 Sep. 2010. Disponível em: <http://gambit.mit.edu/updates/2010/09/defining_character s_in_games.php>. Acesso em: 3 nov. 2021.

FERREIRA, E.; FALCÃO, T. Atravessando as bordas do círculo mágico: imersão, atenção e videogames. **Revista Comunicação, Mídia e Consumo**, São Paulo, v. 13, n. 36, p. 73-93, jan./abr., 2016.

FULLERTON, T. **Game Design Workshop**: A Playcentric Approach to Creating Innovative Games. 2. ed. Burlington: Morgan Kaufmann Books, 2008.

FULLERTON, T.; SWAIN, C.; HOFFMAN, S. **Game Design Workshop**: Designing, Prototyping, and Playtesting Games. San Francisco: CMP Books, 2004.

HAYKIN, S. **Neural Networks**: A Comprehensive Foundation. New Jersey: Prentice Hall, 1999.

JANG, Y., KIM, W., RYU, S. An Exploratory Study on Avatar-Self Similarity, Mastery Experience and Self Efficacy in Games. In: INTERNATIONAL CONFERENCE ON ADVANCED COMMUNICATION TECHNOLOGY, 12., 2010, Phoenix. **Anais**... Nem Jersey: IEEE, 2010. p. 1681-1684. Disponível em: <https://icact.org/upload/2010/0412/20100412_finalpaper.pdf>. Acesso em: 12 nov. 2021.

JENKINS, H. **Cultura da convergência**. Tradução de Susana Alexandria. 2. ed. São Paulo: Aleph, 2009.

KERNIGHAN, B. W.; PIKE, R. **The Practice of Programming**. Boston: Addison-Wesley, 1999. (Addison-Wesley Professional Computing Series).

KIM, J.; KIM, M., KANG, H., LEE, K. U-GAT-IT: Unsupervised Generative Attentional Networks with Adaptive Layer-Instance Normalization for Image-to-Image Translation. **Cornell University**, 2019. Disponível em: <https://arxiv.org/abs/1907.10830>. Acesso em: 12 nov. 2021.

KITAGAWA, M.; WINDSOR, B. **Mocap for Artists**: Workflow and Techniques for Motion Capture. Waltham: Focal Press, 2008.

LAMOTHE, A. **Tricks of the 3D Game Programming Gurus**: Advanced 3D Graphics and Rasterization. Indianapolis: Sams, 2003.

LEHDONVIRTA, V. Real-Money Trade of Virtual Assets: Ten Different User Perceptions. In: DIGITAL ART AND CULTURE, 2005, Copenhagen, **Proceedings...** Oxford: University of Oxford, 2005. p. 52-58. Disponível em: <https://papers.ssrn.com/sol3/papers.cfm?abstract_id=1351772>. Acesso em: 12 nov. 2021.

LEMEN, R. Human Anatomy: A Complete Workshop on Bringing your Body Drawing to Life. In: HOWLETT, C. (Org.). **How to Draw and Paint Anatomy**. East Petersburg: Fox Chapel, 2010. p. 16-57.

LIMA, A. **Projeto de personagens tridimensionais e virtuais**: validação e adaptação de metodologias. 199 f. Monografia (Bacharelado em Design Gráfico) – UniRitter, Porto Alegre 2010. Disponível em: <http://www.um.pro.br/prod/_pdf/000046.pdf>. Acesso em: 12 nov. 2021.

LIPPINCOTT, G. **The Fantasy Illustrator's Technique Book**. London: Barron's, 2007.

LITTLE, S. **...ismos**: entender a arte. São Paulo: Globo, 2011.

MACEDO, T. Dinâmicas de consumo em MOBAs: práticas, valores e o papel de bens virtuais no universo de League of Legends. In: CONGRESSO BRASILEIRO DE CIÊNCIAS DA

COMUNICAÇÃO, 40., 2017, Curitiba. **Anais...** São Paulo: Intercom, 2017. Disponível em: <https://portalintercom.org.br/anais/nacional2017/resumos/R12-1132-1.pdf>. Acesso em: 12 nov. 2021.

MARTÍN-BARBERO, J. **Dos meios às mediações:** comunicação, cultura e hegemonia. Tradução de Ronaldo Polito e Sérgio Alcides. Rio de Janeiro: Ed. da UFRJ, 1997.

MAYA. *História.* 2020. Disponível em: <https://www.autodesk.com.br/products/maya/overview>. Acesso em: 20 set. 2021.

MCCONNELL, S. **Code Complete:** A Practical Handbook of the Software Development Magazine Jolt Award. 2. ed. Redmond: Microsoft Press, 2004.

MCCLOUD, S. **Desvendando os quadrinhos.** Tradução de Helcio de Carvalho e Marisa do Nascimento Paro. 2. ed. São Paulo: Makron Books, 2002.

MOESLUND, T. B.; HILTON, A.; KRÜGER, V. A survey of advances in vision-based human motion capture and analysis. **Computer Vision and Image Understanding**, v. 104, n. 2-3, p. 90-126, Nov./Dec. 2006. Disponível em: <https://www.sciencedirect.com/science/article/abs/pii/S1077314206001263>. Acesso em: 11 nov. 2021.

MOLET, T. et al. An Animation Interface Designed for Motion Capture. In: COMPUTER ANIMATION CONFERENCE, 1997, Genebra. **Anais...** Nova Jersey: IEEE Press, 1997, p. 77-85. Disponível em: <https://www.researchgate.net/publication/2475630_An_Animation_Interface_Designed_for_Motion_Capture>. Acesso em: 11 nov. 2021.

PIPES, A. **Desenho para designers.** São Paulo: Blucher, 2010.

Q. S., C. Desaceleração e aceleração. **Princípios Fundamentais da Animação.** Disponível em: <https://principiosdaanimacao.wordpress.com/teste/slow-in-and-slow-out/>. Acesso em: 11 nov. 2021.

ROLLINGS, A.; MORRIS, D. **Game Architecture and Design**: A New Edition. San Francisco: New Riders Publishers, 2004.

SANTAELLA, L. **Cultura e artes do pós-humano**. São Paulo: Paulus, 2003.

SARLO, B. **Cenas da vida pós-moderna**. Rio de Janeiro: Ed. da UFRJ, 1997.

SCHELL, J. **A arte de game design**: o livro original. São Paulo: Campus, 2010.

SEEGMILLER, D. **Digital Character Painting Using Photoshop CS3**. Boston: Charles River Media, 2008.

SEVERO, A. P. Incorporando personagens: a escolha, a customização e a evolução do avatar no game. SIMPÓSIO BRASILEIRO DE GAMES E ENTRETENIMENTO DIGITAL, 9., 2010, Florianópolis. **Anais**... Porto Alegre: SBGames, 2010. p. 94-105.

SILVA, S. S. **Jogos eletrônicos**: contribuições para o processo de aprendizagem. 29 f. Trabalho de Conclusão de Curso (Bacharelado em Psicopedagogia) – Universidade Federal da Paraíba, João Pessoa, 2016. Disponível em: <https://repositorio.ufpb.br/jspui/bitstream/123456789/1889/1/SSS22062016>. Acesso em: 12 nov. 2021.

SCHERER, M. **ZBrush 4 Sculpting for Games**: Beginner's Guide. Birmingham: Packt Publishing, 2011.

TENG, C. Customization, Immersion Satisfaction, and Online Gamer Loyalty. **Computers in Human Behavior**, v. 26, n. 6, p. 1547-1554, nov., 2010. Disponível em: <https://www.sciencedirect.com/science/article/abs/pii/S074756321000169X>. Acesso em: 12 nov. 2021.

THOMAS, F.; JOHNSTON, O. **The Illusion of Life**: Disney Animation. Los Angeles: Walt Disney Productions, 1981.

THORN, A. **UDK Game Development**. Boston: Course Technology, 2011.

TILLMAN, B. **Creative Character Design**. London: Routledge, 2017.

UNREAL ENGINE. **Contrato de licença de usuário final do Unreal® Engine para publicação**. Disponível em: <https://www.unrealengine.com/en-US/eula-reference/publishing-pt-br>. Acesso em: 12 nov. 2021.

VOGLER, C. **A jornada do escritor**: estrutura mítica para escritores. Tradução de Ana Maria Machado. Rio de Janeiro: Nova Fronteira, 1998.

WOOD, J. V. Theory and Research Concerning Social Comparisons of Personal Attributes. **Psychological Bulletin**, v. 106, n. 2, p. 231-248, 1989. Disponível em: <http://www.communicationcache.com/uploads/1/0/8/8/10887248/theory_and_research_concerning_social_comparisons_of_personal_attributes.pdf>. Acesso em: 11 nov. 2021.

WOLF, M. J. P. (Ed.). **Encyclopedia of Video Games**: The Culture, Technology, and Art of Gaming. Santa Barbara: Greenwood, 2012. v. 2.

ZBRUSH. **História**. 2020. Disponível em: <https://pixologic.com/>. Acesso em: 28 ago. 2020.

ZERBST, S.; DÜVEL, O. **3D Game Engine Programming**. Boston: Thomson Course Technology, 2004.

sobre a autora

Lúcia Maria Tavares é mestre em Governança de TI e Governança Corporativa pelo Centro Universitário das Faculdades Metropolitanas Unidas (FMU); tem MBA em Gestão de Serviços de Saúde; é especialista em Banco de Dados Oracle pela Tecno e na área de jogos digitais pela SAGA Art; é graduada em Tecnologia da Informação pela Faculdade de Informática e Administração Paulista (Fiap) e em Administração Hospitalar pelo Instituto de Pesquisa e Ensino em Saúde de São Paulo (Ipessp); possui certificações em projetos, Scrum, LGPD, Itil, Cobit, arquitetura em nuvem e Seis Sigma Yellow Belt. Atua na área de tecnologia voltada à saúde (planos de saúde e hospitais), implantando sistemas e gamificação e realizando treinamentos. Com 30 anos de carreira, 20 deles atuando no meio corporativo e 10 no acadêmico, foi docente em instituições como FMU, Anhembi Morumbi, Uninorte e UniRitter, ministrando aulas de Gestão de TI, Gestão Corporativa e Tecnologia.

Os papéis utilizados neste livro, certificados por instituições ambientais competentes, são recicláveis, provenientes de fontes renováveis e, portanto, um meio **responsável** e natural de informação e conhecimento.

FSC
www.fsc.org
MISTO
Papel produzido
a partir de
fontes responsáveis
FSC® C103535

Os livros direcionados ao campo do design são diagramados com famílias tipográficas históricas. Neste volume, foram utilizadas a **Times** – criada em 1931 por Stanley Morrison e Victor Lardent para uso do jornal *The Times of London* e consagrada por ter sido, por anos, a fonte padrão do Microsoft Word – e a **Roboto** – desenhada pelo americano Christian Robertson sob encomenda da Google e lançada em 2011 no Android 4.0.

Impressão: Reproset
Janeiro/2023